The Millionaire Way
agenda

Al inicio de mi carrera en el mundo de las inversiones tuve la percepción de que para ganar mucho dinero era necesario aperturar varias posiciones. En mi mente no cabía la idea de ganar grandes cantidades solo haciendo tres *trades* por semana, buscando solo el 35 % de rentabilidad; esa fue la razón principal por la que llegué a experimentar pérdidas considerables que me llevaron al punto de querer abandonar el mundo de las inversiones; el vehículo que me permitió alcanzar mi libertad financiera.

Hoy, después de muchos años de ensayo y error, entiendo que no hay nada más poderoso que tener todo el enfoque en una sola cosa, seguir un plan, una metodología y estrategias que funcionen.

Esta agenda no solo te guiará para comenzar y llevar un registro de tu proceso, también te ayudará a respetar tu plan y como consecuencia, a vivir una vida de abundancia, una vida en tus propios términos.

Haz de esta agenda una herramienta para alcanzar la vida de tus sueños.

Yoel Sardiñas

Calendario 2023-2024

2023

Julio
D	L	M	M	J	V	S
						1
2	3	4	5	6	7	8
9	10	11	12	13	14	15
16	17	18	19	20	21	22
23	24	25	26	27	28	29
30	31					

Agosto
D	L	M	M	J	V	S
		1	2	3	4	5
6	7	8	9	10	11	12
13	14	15	16	17	18	19
20	21	22	23	24	25	26
27	28	29	30	31		

Septiembre
D	L	M	M	J	V	S
					1	2
3	4	5	6	7	8	9
10	11	12	13	14	15	16
17	18	19	20	21	22	23
24	25	26	27	28	29	30

Octubre
D	L	M	M	J	V	S
1	2	3	4	5	6	7
8	9	10	11	12	13	14
15	16	17	18	19	20	21
22	23	24	25	26	27	28
29	30	31				

Noviembre
D	L	M	M	J	V	S
			1	2	3	4
5	6	7	8	9	10	11
12	13	14	15	16	17	18
19	20	21	22	23	24	25
26	27	28	29	30		

Diciembre
D	L	M	M	J	V	S
					1	2
3	4	5	6	7	8	9
10	11	12	13	14	15	16
17	18	19	20	21	22	23
24	25	26	27	28	29	30

2024

Enero
D	L	M	M	J	V	S
	1	2	3	4	5	6
7	8	9	10	11	12	13
14	15	16	17	18	19	20
21	22	23	24	25	26	27
28	29	30	31			

Febrero
D	L	M	M	J	V	S
				1	2	3
4	5	6	7	8	9	10
11	12	13	14	15	16	17
18	19	20	21	22	23	24
25	26	27	28	29		

Marzo
D	L	M	M	J	V	S
					1	2
3	4	5	6	7	8	9
10	11	12	13	14	15	16
17	18	19	20	21	22	23
24	25	26	27	28	29	30
31						

Abril
D	L	M	M	J	V	S
	1	2	3	4	5	6
7	8	9	10	11	12	13
14	15	16	17	18	19	20
21	22	23	24	25	26	27
28	29	30				

Mayo
D	L	M	M	J	V	S
			1	2	3	4
5	6	7	8	9	10	11
12	13	14	15	16	17	18
19	20	21	22	23	24	25
26	27	28	29	30	31	

Junio
D	L	M	M	J	V	S
						1
2	3	4	5	6	7	8
9	10	11	12	13	14	15
16	17	18	19	20	21	22
23	24	25	26	27	28	29
30						

Julio
D	L	M	M	J	V	S
	1	2	3	4	5	6
7	8	9	10	11	12	13
14	15	16	17	18	19	20
21	22	23	24	25	26	27
28	29	30	31			

Agosto
D	L	M	M	J	V	S
				1	2	3
4	5	6	7	8	9	10
11	12	13	14	15	16	17
18	19	20	21	22	23	24
25	26	27	28	29	30	31

Septiembre
D	L	M	M	J	V	S
1	2	3	4	5	6	7
8	9	10	11	12	13	14
15	16	17	18	19	20	21
22	23	24	25	26	27	28
29	30					

Octubre
D	L	M	M	J	V	S
		1	2	3	4	5
6	7	8	9	10	11	12
13	14	15	16	17	18	19
20	21	22	23	24	25	26
27	28	29	30	31		

Noviembre
D	L	M	M	J	V	S
					1	2
3	4	5	6	7	8	9
10	11	12	13	14	15	16
17	18	19	20	21	22	23
24	25	26	27	28	29	30

Diciembre
D	L	M	M	J	V	S
1	2	3	4	5	6	7
8	9	10	11	12	13	14
15	16	17	18	19	20	21
22	23	24	25	26	27	28
29	30	31				

Metodología

LISTA DE VERIFICACIÓN Y REQUISITOS ANTES DE HACER *TRADE*		
REQUISITOS	SE CUMPLE	NO SE CUMPLE
REUNIÓN *FED* (1 VEZ POR MES) Y *EARNING* (CADA 3 MESES)		
BOLLINGER 15M, HORA Y DÍA		
PROMEDIOS MÓVILES HORA Y DÍA		
PUNTO DE RUPTURA DE LÍNEAS DE TENDENCIA		
SALTO(GAP) AL ALZA O SALTO(GAP) A LA BAJA		
PRECIO *BID & ASK* FECHA DE EXPIRACIÓN		

- Siempre hacer un análisis profundo antes de hacer una inversión.

- Respetar siempre el 10 % de la cuenta para inversiones en opciones.

- Comprar y realizar la venta con el *limit* en tu orden (ponte un objetivo y una meta).

- ¿Fallaste un *trade*? Parar y analizar la razón por la que no se dio y sacar experiencia del mismo.

- Tomar siempre las decisiones desde la razón y nunca desde la emoción.

Manifiesto

- La riqueza de Dios está circulando en mi vida, fluye hacia mí en avalanchas de abundancia. Todas mis necesidades, deseos y metas se cumplen al instante con inteligencia infinita porque yo soy uno con Dios y Dios lo es todo.

- Estoy listo para recibir todo cuanto deseo. Pase lo que pase hoy será un extraordinario día.

- Sí puedo, soy capaz y me lo merezco.

- Soy un imán del dinero.

- Soy multimillonario, próspero y rico.

- El dinero trabaja duro para mí y produce más dinero.

- Universo, si hay algo bueno y grande que esté llegando a alguien que no esté dispuesto a tomarlo, mándamelo a mí. Yo estoy abierto y dispuesto a recibir todas tus bendiciones, gracias.

- Soy el mejor inversionista del mundo.

- Mi mundo interior crea mi mundo exterior. Tengo una mente millonaria.

- Soy una fuente inagotable de amor, salud, prosperidad, abundancia y riqueza.

- Puedo, quiero y me lo merezco.

Rangos de Precio

Compañía	Rango Óptimo	Rango Óptimo	Mínimo y Máximo	
AMZN	$30 - $60		MIN $25 MAX $65	TECNOLÓGICAS
AAPL	$40 - $70		MIN $35 MAX $75	
MSFT	$60 - $130			
GOOG	$40 - $100			
META (Facebook)	$55 - $85		MIN $50 MAX $90	
TSLA	$80 - $140		MIN $75 MAX $190	
NFLX	$50 - $140		MIN $45 MAX $145	
UBER	$49 - $65		MIN $35 MAX $70	
LYFT	$40 - $65		MIN $35 MAX $70	
HD	$50 - $90		MIN $45 MAX $100	
WMT	$65 - $110		MIN $60 MAX $115	
LOW	$85 - $120		MIN $80 MAX $120	
SPY	$25 - $32		MIN $23 MAX $34	ÍNDICES
QQQ	$40 - $60		MIN $36 MAX $65	
IWM	$25 - $40		MIN $25 MAX $45	
DIA	$45 - $60		MIN $40 MAX $65	
NIO	$30 - $40		MIN $25 MAX $45	CHINAS
LI	$35 - $45		MIN $20 MAX $50	
BABA	$60 - $90			
XPEV	$30 - $40		MIN $25 MAX $45	
COIN	$100 - $145		MIN $95 MAX $150	
GLD	$70 - $90		MIN $55 MAX $105	COMODITIES
SLV	$15 - $20		MIN $10 MAX $25	
USO	$60 - $70		MIN $45 MAX $75	
TNA	$60 - $90		MIN $55 MAX $95	

Mantén actualizados tus rangos de precio.
Escanea el QR y encontrarás los últimos precios.

Plan de Inversión Anual

5000	%	Rentabilidad	Capital	SEMANA
500.00	35%	175.00	$5,175.00	
517.50	35%	181.13	$5,356.12	1
535.61	35%	187.46	$5,543.59	
554.36	35%	194.03	$5,737.61	
573.76	35%	200.82	$5,938.43	2
593.84	35%	207.85	$6,146.28	
614.63	35%	215.12	$6,361.39	
636.14	35%	222.65	$6,584.05	3
658.40	35%	230.44	$6,814.49	
681.45	35%	238.51	$7,053.00	
705.30	35%	246.85	$7,299.85	4
729.98	35%	255.49	$7,555.34	
755.53	35%	264.44	$7,819.78	
781.98	35%	273.69	$8,093.47	5
809.35	35%	283.27	$8,376.74	
837.67	35%	293.19	$8,669.93	
866.99	35%	303.45	$8,973.38	6
897.34	35%	314.07	$9,287.45	
928.74	35%	325.06	$9,612.51	
961.25	35%	336.44	$9,948.94	7
994.89	35%	348.21	$10,297.18	
1,029.72	35%	360.40	$10,657.56	
1,065.76	35%	373.01	$11,030.57	8
1,103.06	35%	386.07	$11,416.64	
1,141.66	35%	399.58	$11,816.22	
1,181.62	35%	413.57	$12,229.79	9
1,222.98	35%	428.04	$12,657.84	
1,265.78	35%	443.02	$13,100.86	
1,310.09	35%	458.53	$13,559.39	10
1,355.94	35%	474.58	$14,033.97	
1,403.40	35%	491.19	$14,525.16	
1,452.52	35%	508.38	$15,033.54	11
1,503.35	35%	526.17	$15,559.71	
1,555.97	35%	544.59	$16,104.30	
1,610.43	35%	563.65	$16,667.95	12
1,666.80	35%	583.38	$17,251.33	
1,725.13	35%	603.80	$17,855.13	
1,785.51	35%	624.93	$18,480.06	13
1,848.01	35%	646.80	$19,126.86	

35%

5000	%	Rentabilidad	Capital	SEMANA
1,912.69	35%	669.44	$19,796.30	
1,979.63	35%	692.87	$20,489.17	14
2,048.92	35%	717.12	$21,206.29	
2,120.63	35%	742.22	$21,948.51	
2,194.85	35%	768.20	$22,716.71	15
2,271.67	35%	795.08	$23,511.79	
2,351.18	35%	822.91	$24,334.70	
2,433.47	35%	851.71	$25,186.42	16
2,518.64	35%	881.52	$26,067.94	
2,606.79	35%	912.38	$26,980.32	
2,698.03	35%	944.31	$27,924.63	17
2,792.46	35%	977.36	$28,9012.00	
2,890.20	35%	1,011.57	$29,913.57	
2,991.36	35%	1,046.97	$30,960.54	18
3,096.05	35%	1,083.62	$32,044.16	
3,204.42	35%	1,121.55	$33,165.71	
3,316.57	35%	1,160.80	$34,326.51	19
3,432.65	35%	1,201.43	$35,527.93	
3,552.79	35%	1,243.48	$36,771.41	
3,677.14	35%	1,287.00	$38,058.41	20
3,805.84	35%	1,332.04	$39,390.45	
3,939.05	35%	1,378.67	$40,769.12	
4,076.91	35%	1,426.92	$42,196.04	21
4,219.60	35%	1,476.86	$43,672.90	
4,367.29	35%	1,528.55	$45,201.45	
4,520.15	35%	1,582.05	$46,783.50	22
4,678.35	35%	1,637.42	$48,420.93	
4,842.09	35%	1,694.73	$50,115.66	
5,011.57	35%	1,754.05	$51,869.71	23
5,186.97	35%	1,815.44	$53,685.15	
5,368.51	35%	1,878.98	$55,564.13	
5,556.41	35%	1,944.74	$57,508.87	24
5,750.89	35%	2,012.81	$59,521.68	
5,952.17	35%	2,083.26	$61,604.94	
6,160.49	35%	2,156.17	$63,761.11	25
6,376.11	35%	2,231.64	$65,992.75	
6,599.28	35%	2,309.75	$68,302.5	
6,830.25	35%	2,390.59	$70,693.09	26
7,069.31	35%	2,474.26	$73,167.34	

Plan de Inversión Anual

5000	%	Rentabilidad	Capital	SEMANA
7,316.73	35%	2,560.86	$75,728.20	
7,572.82	35%	2,650.49	$78,378.69	27
7,837.87	35%	2,743.25	$81,121.94	
8,112.19	35%	2,839.27	$83,961.21	
8,396.12	35%	2,938.64	$86,899.85	28
8,689.99	35%	3,041.49	$89,941.35	
8,994.13	35%	3,147.95	$93,089.29	
9,308.93	35%	3,258.13	$96,347.42	29
9,634.74	35%	3,372.16	$99,719.58	
9,971.96	35%	3,490.19	$103,209.76	
10,320.98	35%	3,612.34	$106,822.11	30
10,682.21	35%	3,738.77	$110,560.88	
11,056.09	35%	3,869.63	$114,430.51	
11,443.05	35%	4,005.07	$118,435.58	31
11,843.56	35%	4,145.25	$122,580.82	
12,258.08	35%	4,290.33	$126,871.15	
12,887.12	35%	4,440.49	$131,311.64	32
13,131.16	35%	4,595.91	$135,907.55	
13,590.76	35%	4,756.76	$140,664.31	
14,066.43	35%	4,923.25	$145,587.56	33
14,558.76	35%	5,095.56	$150,683.13	
15,068.31	35%	5,273.91	$155,957.04	
15,595.70	35%	5,458.50	$161,415.54	34
16,141.55	35%	5,649.54	$167,065.08	
16,706.51	35%	5,847.28	$172,912.36	
17,291.24	35%	6,051.93	$178,964.29	35
17,896.43	35%	6,263.75	$185,228.04	
18,522.80	35%	6,482.98	$191,711.02	
19,171.10	35%	6,709.89	$198,420.91	36
19,842.09	35%	6,944.73	$205,365.64	
20,536.56	35%	7,187.80	$212,553.44	
21,255.34	35%	7,439.37	$219,992.81	37
21,999.28	35%	7,699.75	$227,692.55	
22,769.26	35%	7,969.24	$235,661.79	
23,566.18	35%	8,248.16	$243,909.96	38
24,391.00	35%	8,536.85	$252,446.81	
25,244.68	35%	8,835.64	$261,282.44	
26,128.24	35%	9,144.89	$270,427.33	39
27,042.73	35%	9,464.96	$279,892.29	

35%

5000	%	Rentabilidad	Capital	SEMANA
27,989.23	35%	9,796.23	$289,688.52	40
28,968.85	35%	10,139.10	$299,827.61	40
29,982.76	35%	10,493.97	$310,321.59	40
31,032.16	35%	10,861.26	$321,182.84	41
32,118.28	35%	11,241.40	$332,424.23	41
33,242.42	35%	11,634.85	$344,059.08	41
34,405.91	35%	12,042.07	$356,101.15	42
35,610.12	35%	12,463.54	$368,564.70	42
36,856.47	35%	12,899.76	$381,464.46	42
38,146.45	35%	13,351.26	$394,815.716	43
39,481.57	35%	13,818.55	$408,634.26	43
40,863.43	35%	14,302.20	$422,936.46	43
42,293.65	35%	14,802.78	$437,739.24	44
43,773.92	35%	15,320.87	$453,060.11	44
45,306.01	35%	15,857.10	$468,917.26	44
46,891.72	35%	16,412.10	$485,329.32	45
48,532.93	35%	16,986.53	$502,315.84	45
50,231.58	35%	17,581.05	$519,896.90	45
51,989.69	35%	18,196.39	$538,093.29	46
53,809.33	35%	18,833.27	$556,926.55	46
55,692.66	35%	19,492.43	$576,418.98	46
57,641.90	35%	20,174.66	$596,593.69	47
59,659.36	35%	20,880.78	$617,474.43	47
61,747.44	35%	21,611.60	$639,086.03	47
63,908.60	35%	22,368.01	$661,454.04	48
66,145.40	35%	23,150.89	$684,604.93	48
68,460.49	35%	23,961.17	$708,566.11	48
70,856.61	35%	24,799.81	$733,365.92	49
73,336.59	35%	25,667.81	$759,033.73	49
75,903.37	35%	26,566.18	$785,599.91	49
78,559.99	35%	27,496.00	$813,095.90	50
81,309.59	35%	28,458.36	$841,554.26	50
84,155.43	35%	29,454.40	$871,008.66	50
87,100.87	35%	30,485.30	$901,493.96	51
90,149.40	35%	31,552.29	$933,046.25	51
93,304.63	35%	32,656.62	$965,702.87	51
96,570.29	35%	33,799.60	$999,502.47	52
99,950.25	35%	34,982.59	$1,034,485.06	52
103,448.51	35%	36,206.98	$1,070,692.03	52

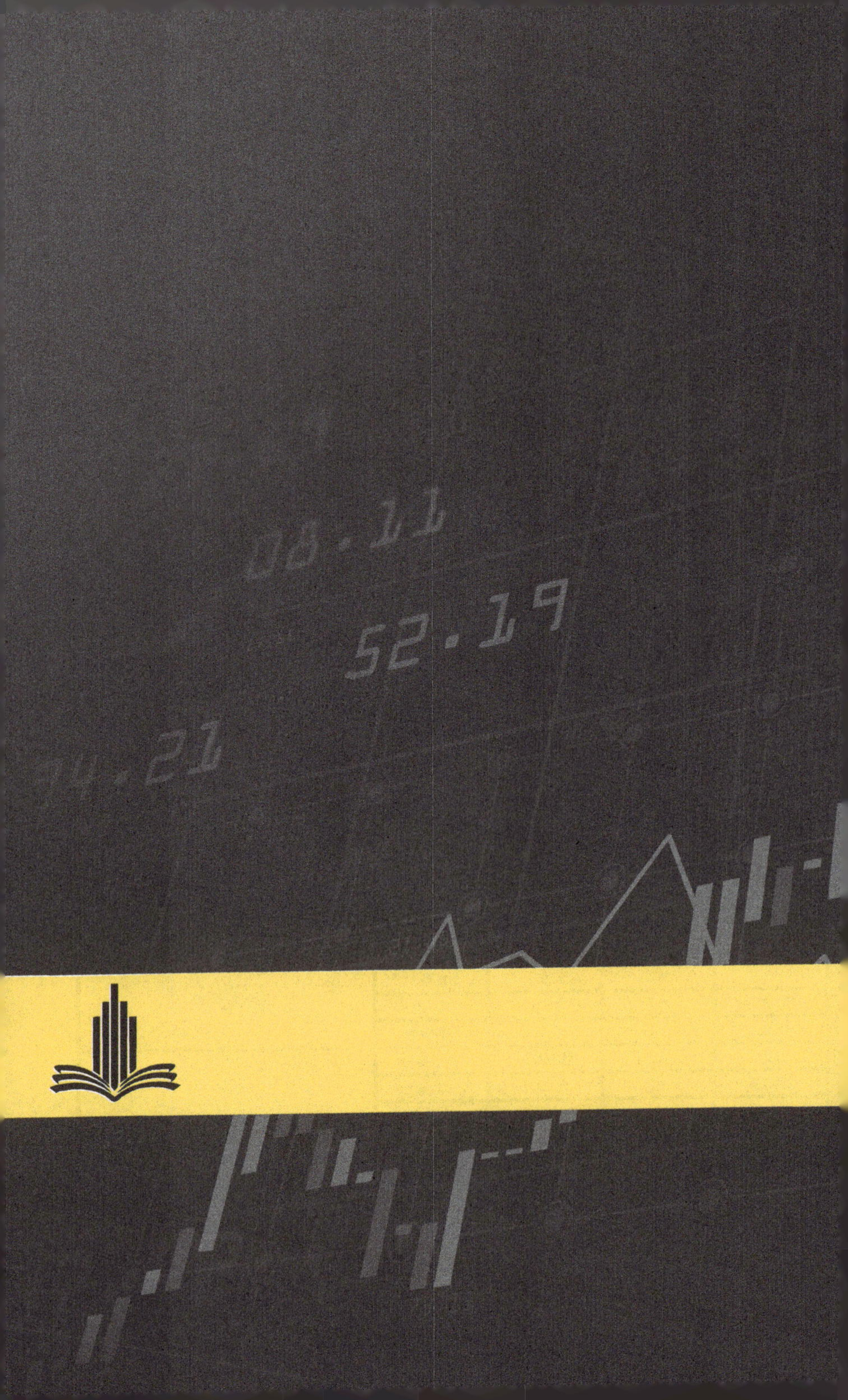
52.19

Trades

Mereces vivir una vida en tus **propios términos.**

The
Millionarie Way
agenda

SEMANA

FECHA DE INICIO .... FECHA DE TÉRMINO ....

TRADE 1

- EMPRESA ....
- ESTRATEGIA ....
- CANTIDAD DE CONTRATOS ....
- PRECIO DE COMPRA ....
- INVERSIÓN INICIAL ....

*REFUERZO

CANTIDAD DE CONTRATOS	PRECIO DE COMPRA	INVERSIÓN
....	....	....

- PRECIO DE VENTA ....
- GANANCIA ....
- RENTABILIDAD ....

TRADE 2

- EMPRESA ....
- ESTRATEGIA ....
- CANTIDAD DE CONTRATOS ....
- PRECIO DE COMPRA ....
- INVERSIÓN INICIAL ....

*REFUERZO

CANTIDAD DE CONTRATOS	PRECIO DE COMPRA	INVERSIÓN
....	....	....

- PRECIO DE VENTA ....
- GANANCIA ....
- RENTABILIDAD ....

TRADE 3

- EMPRESA ....
- ESTRATEGIA ....
- CANTIDAD DE CONTRATOS ....
- PRECIO DE COMPRA ....
- INVERSIÓN INICIAL ....

*REFUERZO

CANTIDAD DE CONTRATOS	PRECIO DE COMPRA	INVERSIÓN
....	....	....

- PRECIO DE VENTA ....
- GANANCIA ....
- RENTABILIDAD ....

SEMANA _____

The Millionarie Way
agenda

FECHA DE INICIO _____ FECHA DE TÉRMINO _____

TRADE 1

- EMPRESA ....
- ESTRATEGIA ....
- CANTIDAD DE CONTRATOS ....
- PRECIO DE COMPRA ....
- INVERSIÓN INICIAL ....

*REFUERZO	CANTIDAD DE CONTRATOS	PRECIO DE COMPRA	INVERSIÓN
	....	....	....

- PRECIO DE VENTA ....
- GANANCIA ....
- RENTABILIDAD ....

TRADE 2

- EMPRESA ....
- ESTRATEGIA ....
- CANTIDAD DE CONTRATOS ....
- PRECIO DE COMPRA ....
- INVERSIÓN INICIAL ....

*REFUERZO	CANTIDAD DE CONTRATOS	PRECIO DE COMPRA	INVERSIÓN
	....	....	....

- PRECIO DE VENTA ....
- GANANCIA ....
- RENTABILIDAD ....

TRADE 3

- EMPRESA ....
- ESTRATEGIA ....
- CANTIDAD DE CONTRATOS ....
- PRECIO DE COMPRA ....
- INVERSIÓN INICIAL ....

*REFUERZO	CANTIDAD DE CONTRATOS	PRECIO DE COMPRA	INVERSIÓN
	....	....	....

- PRECIO DE VENTA ....
- GANANCIA ....
- RENTABILIDAD ....

SEMANA

FECHA DE INICIO .... FECHA DE TÉRMINO ....

TRADE 1

- EMPRESA ....
- ESTRATEGIA ....
- CANTIDAD DE CONTRATOS ....
- PRECIO DE COMPRA ....
- INVERSIÓN INICIAL ....

*REFUERZO

CANTIDAD DE CONTRATOS	PRECIO DE COMPRA	INVERSIÓN
....	....	....

- PRECIO DE VENTA ....
- GANANCIA ....
- RENTABILIDAD ....

TRADE 2

- EMPRESA ....
- ESTRATEGIA ....
- CANTIDAD DE CONTRATOS ....
- PRECIO DE COMPRA ....
- INVERSIÓN INICIAL ....

*REFUERZO

CANTIDAD DE CONTRATOS	PRECIO DE COMPRA	INVERSIÓN
....	....	....

- PRECIO DE VENTA ....
- GANANCIA ....
- RENTABILIDAD ....

TRADE 3

- EMPRESA ....
- ESTRATEGIA ....
- CANTIDAD DE CONTRATOS ....
- PRECIO DE COMPRA ....
- INVERSIÓN INICIAL ....

*REFUERZO

CANTIDAD DE CONTRATOS	PRECIO DE COMPRA	INVERSIÓN
....	....	....

- PRECIO DE VENTA ....
- GANANCIA ....
- RENTABILIDAD ....

SEMANA ....

The Millionarie Way
agenda

FECHA DE INICIO .... FECHA DE TÉRMINO ....

TRADE 1

- ○ EMPRESA ....
- ○ ESTRATEGIA ....
- ○ CANTIDAD DE CONTRATOS ....
- ○ PRECIO DE COMPRA ....
- ○ INVERSIÓN INICIAL ....

*REFUERZO	CANTIDAD DE CONTRATOS	PRECIO DE COMPRA	INVERSIÓN
	....	....	....

- ○ PRECIO DE VENTA ....
- ○ GANANCIA ....
- ○ RENTABILIDAD ....

TRADE 2

- ○ EMPRESA ....
- ○ ESTRATEGIA ....
- ○ CANTIDAD DE CONTRATOS ....
- ○ PRECIO DE COMPRA ....
- ○ INVERSIÓN INICIAL ....

*REFUERZO	CANTIDAD DE CONTRATOS	PRECIO DE COMPRA	INVERSIÓN
	....	....	....

- ○ PRECIO DE VENTA ....
- ○ GANANCIA ....
- ○ RENTABILIDAD ....

TRADE 3

- ○ EMPRESA ....
- ○ ESTRATEGIA ....
- ○ CANTIDAD DE CONTRATOS ....
- ○ PRECIO DE COMPRA ....
- ○ INVERSIÓN INICIAL ....

*REFUERZO	CANTIDAD DE CONTRATOS	PRECIO DE COMPRA	INVERSIÓN
	....	....	....

- ○ PRECIO DE VENTA ....
- ○ GANANCIA ....
- ○ RENTABILIDAD ....

SEMANA

FECHA DE INICIO .... FECHA DE TÉRMINO ....

TRADE 1

- EMPRESA ....
- ESTRATEGIA ....
- CANTIDAD DE CONTRATOS ....
- PRECIO DE COMPRA ....
- INVERSIÓN INICIAL ....

*REFUERZO | CANTIDAD DE CONTRATOS .... PRECIO DE COMPRA .... INVERSIÓN ....

- PRECIO DE VENTA ....
- GANANCIA ....
- RENTABILIDAD ....

TRADE 2

- EMPRESA ....
- ESTRATEGIA ....
- CANTIDAD DE CONTRATOS ....
- PRECIO DE COMPRA ....
- INVERSIÓN INICIAL ....

*REFUERZO | CANTIDAD DE CONTRATOS .... PRECIO DE COMPRA .... INVERSIÓN ....

- PRECIO DE VENTA ....
- GANANCIA ....
- RENTABILIDAD ....

TRADE 3

- EMPRESA ....
- ESTRATEGIA ....
- CANTIDAD DE CONTRATOS ....
- PRECIO DE COMPRA ....
- INVERSIÓN INICIAL ....

*REFUERZO | CANTIDAD DE CONTRATOS .... PRECIO DE COMPRA .... INVERSIÓN ....

- PRECIO DE VENTA ....
- GANANCIA ....
- RENTABILIDAD ....

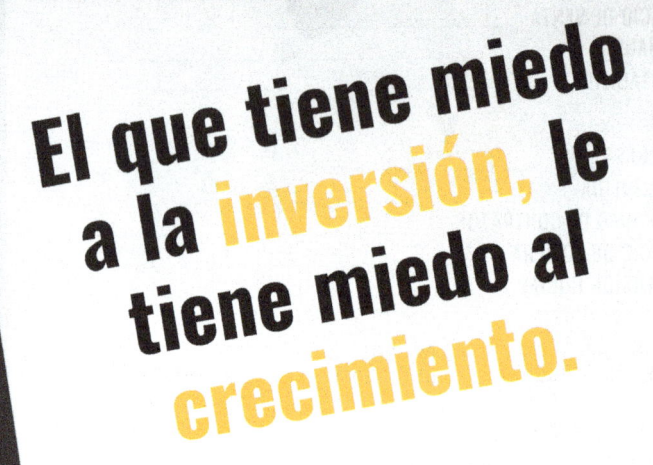

El que tiene miedo a la **inversión**, le tiene miedo al **crecimiento**.

The
Millionarie Way
agenda

SEMANA

FECHA DE INICIO .... FECHA DE TÉRMINO ....

TRADE 1

- ○ EMPRESA ....
- ○ ESTRATEGIA ....
- ○ CANTIDAD DE CONTRATOS ....
- ○ PRECIO DE COMPRA ....
- ○ INVERSIÓN INICIAL ....

*REFUERZO

CANTIDAD DE CONTRATOS	PRECIO DE COMPRA	INVERSIÓN
....	....	....

- ○ PRECIO DE VENTA ....
- ○ GANANCIA ....
- ○ RENTABILIDAD ....

TRADE 2

- ○ EMPRESA ....
- ○ ESTRATEGIA ....
- ○ CANTIDAD DE CONTRATOS ....
- ○ PRECIO DE COMPRA ....
- ○ INVERSIÓN INICIAL ....

*REFUERZO

CANTIDAD DE CONTRATOS	PRECIO DE COMPRA	INVERSIÓN
....	....	....

- ○ PRECIO DE VENTA ....
- ○ GANANCIA ....
- ○ RENTABILIDAD ....

TRADE 3

- ○ EMPRESA ....
- ○ ESTRATEGIA ....
- ○ CANTIDAD DE CONTRATOS ....
- ○ PRECIO DE COMPRA ....
- ○ INVERSIÓN INICIAL ....

*REFUERZO

CANTIDAD DE CONTRATOS	PRECIO DE COMPRA	INVERSIÓN
....	....	....

- ○ PRECIO DE VENTA ....
- ○ GANANCIA ....
- ○ RENTABILIDAD ....

SEMANA

The
Millionarie Way
agenda

FECHA DE INICIO .... FECHA DE TÉRMINO ....

TRADE 1

- EMPRESA ....
- ESTRATEGIA ....
- CANTIDAD DE CONTRATOS ....
- PRECIO DE COMPRA ....
- INVERSIÓN INICIAL ....

*REFUERZO	CANTIDAD DE CONTRATOS	PRECIO DE COMPRA	INVERSIÓN
	....	....	....

- PRECIO DE VENTA ....
- GANANCIA ....
- RENTABILIDAD ....

TRADE 2

- EMPRESA ....
- ESTRATEGIA ....
- CANTIDAD DE CONTRATOS ....
- PRECIO DE COMPRA ....
- INVERSIÓN INICIAL ....

*REFUERZO	CANTIDAD DE CONTRATOS	PRECIO DE COMPRA	INVERSIÓN
	....	....	....

- PRECIO DE VENTA ....
- GANANCIA ....
- RENTABILIDAD ....

TRADE 3

- EMPRESA ....
- ESTRATEGIA ....
- CANTIDAD DE CONTRATOS ....
- PRECIO DE COMPRA ....
- INVERSIÓN INICIAL ....

*REFUERZO	CANTIDAD DE CONTRATOS	PRECIO DE COMPRA	INVERSIÓN
	....	....	....

- PRECIO DE VENTA ....
- GANANCIA ....
- RENTABILIDAD ....

SEMANA

FECHA DE INICIO .... FECHA DE TÉRMINO ....

TRADE 1

- EMPRESA ....
- ESTRATEGIA ....
- CANTIDAD DE CONTRATOS ....
- PRECIO DE COMPRA ....
- INVERSIÓN INICIAL ....

*REFUERZO

CANTIDAD DE CONTRATOS	PRECIO DE COMPRA	INVERSIÓN
....	....	....

- PRECIO DE VENTA ....
- GANANCIA ....
- RENTABILIDAD ....

TRADE 2

- EMPRESA ....
- ESTRATEGIA ....
- CANTIDAD DE CONTRATOS ....
- PRECIO DE COMPRA ....
- INVERSIÓN INICIAL ....

*REFUERZO

CANTIDAD DE CONTRATOS	PRECIO DE COMPRA	INVERSIÓN
....	....	....

- PRECIO DE VENTA ....
- GANANCIA ....
- RENTABILIDAD ....

TRADE 3

- EMPRESA ....
- ESTRATEGIA ....
- CANTIDAD DE CONTRATOS ....
- PRECIO DE COMPRA ....
- INVERSIÓN INICIAL ....

*REFUERZO

CANTIDAD DE CONTRATOS	PRECIO DE COMPRA	INVERSIÓN
....	....	....

- PRECIO DE VENTA ....
- GANANCIA ....
- RENTABILIDAD ....

SEMANA ....

The Millionarie Way
agenda

FECHA DE INICIO .... FECHA DE TÉRMINO ....

TRADE 1

- EMPRESA ....
- ESTRATEGIA ....
- CANTIDAD DE CONTRATOS ....
- PRECIO DE COMPRA ....
- INVERSIÓN INICIAL ....

*REFUERZO

CANTIDAD DE CONTRATOS	PRECIO DE COMPRA	INVERSIÓN
....	....	....

- PRECIO DE VENTA ....
- GANANCIA ....
- RENTABILIDAD ....

TRADE 2

- EMPRESA ....
- ESTRATEGIA ....
- CANTIDAD DE CONTRATOS ....
- PRECIO DE COMPRA ....
- INVERSIÓN INICIAL ....

*REFUERZO

CANTIDAD DE CONTRATOS	PRECIO DE COMPRA	INVERSIÓN
....	....	....

- PRECIO DE VENTA ....
- GANANCIA ....
- RENTABILIDAD ....

TRADE 3

- EMPRESA ....
- ESTRATEGIA ....
- CANTIDAD DE CONTRATOS ....
- PRECIO DE COMPRA ....
- INVERSIÓN INICIAL ....

*REFUERZO

CANTIDAD DE CONTRATOS	PRECIO DE COMPRA	INVERSIÓN
....	....	....

- PRECIO DE VENTA ....
- GANANCIA ....
- RENTABILIDAD ....

SEMANA

FECHA DE INICIO .... FECHA DE TÉRMINO ....

TRADE 1

- ○ EMPRESA ....
- ○ ESTRATEGIA ....
- ○ CANTIDAD DE CONTRATOS ....
- ○ PRECIO DE COMPRA ....
- ○ INVERSIÓN INICIAL ....

| *REFUERZO | CANTIDAD DE CONTRATOS .... | PRECIO DE COMPRA .... | INVERSIÓN .... |

- ○ PRECIO DE VENTA ....
- ○ GANANCIA ....
- ○ RENTABILIDAD ....

TRADE 2

- ○ EMPRESA ....
- ○ ESTRATEGIA ....
- ○ CANTIDAD DE CONTRATOS ....
- ○ PRECIO DE COMPRA ....
- ○ INVERSIÓN INICIAL ....

| *REFUERZO | CANTIDAD DE CONTRATOS .... | PRECIO DE COMPRA .... | INVERSIÓN .... |

- ○ PRECIO DE VENTA ....
- ○ GANANCIA ....
- ○ RENTABILIDAD ....

TRADE 3

- ○ EMPRESA ....
- ○ ESTRATEGIA ....
- ○ CANTIDAD DE CONTRATOS ....
- ○ PRECIO DE COMPRA ....
- ○ INVERSIÓN INICIAL ....

| *REFUERZO | CANTIDAD DE CONTRATOS .... | PRECIO DE COMPRA .... | INVERSIÓN .... |

- ○ PRECIO DE VENTA ....
- ○ GANANCIA ....
- ○ RENTABILIDAD ....

SEMANA _____

The Millionarie Way agenda

FECHA DE INICIO .... FECHA DE TÉRMINO ....

TRADE 1

- ○ EMPRESA ....
- ○ ESTRATEGIA ....
- ○ CANTIDAD DE CONTRATOS ....
- ○ PRECIO DE COMPRA ....
- ○ INVERSIÓN INICIAL ....

*REFUERZO	CANTIDAD DE CONTRATOS	PRECIO DE COMPRA	INVERSIÓN
	....	....	....

- ○ PRECIO DE VENTA ....
- ○ GANANCIA ....
- ○ RENTABILIDAD ....

TRADE 2

- ○ EMPRESA ....
- ○ ESTRATEGIA ....
- ○ CANTIDAD DE CONTRATOS ....
- ○ PRECIO DE COMPRA ....
- ○ INVERSIÓN INICIAL ....

*REFUERZO	CANTIDAD DE CONTRATOS	PRECIO DE COMPRA	INVERSIÓN
	....	....	....

- ○ PRECIO DE VENTA ....
- ○ GANANCIA ....
- ○ RENTABILIDAD ....

TRADE 3

- ○ EMPRESA ....
- ○ ESTRATEGIA ....
- ○ CANTIDAD DE CONTRATOS ....
- ○ PRECIO DE COMPRA ....
- ○ INVERSIÓN INICIAL ....

*REFUERZO	CANTIDAD DE CONTRATOS	PRECIO DE COMPRA	INVERSIÓN
	....	....	....

- ○ PRECIO DE VENTA ....
- ○ GANANCIA ....
- ○ RENTABILIDAD ....

SEMANA

FECHA DE INICIO .... FECHA DE TÉRMINO ....

TRADE 1

- EMPRESA ....
- ESTRATEGIA ....
- CANTIDAD DE CONTRATOS ....
- PRECIO DE COMPRA ....
- INVERSIÓN INICIAL ....

*REFUERZO
CANTIDAD DE CONTRATOS	PRECIO DE COMPRA	INVERSIÓN
....	....	....

- PRECIO DE VENTA ....
- GANANCIA ....
- RENTABILIDAD ....

TRADE 2

- EMPRESA ....
- ESTRATEGIA ....
- CANTIDAD DE CONTRATOS ....
- PRECIO DE COMPRA ....
- INVERSIÓN INICIAL ....

*REFUERZO
CANTIDAD DE CONTRATOS	PRECIO DE COMPRA	INVERSIÓN
....	....	....

- PRECIO DE VENTA ....
- GANANCIA ....
- RENTABILIDAD ....

TRADE 3

- EMPRESA ....
- ESTRATEGIA ....
- CANTIDAD DE CONTRATOS ....
- PRECIO DE COMPRA ....
- INVERSIÓN INICIAL ....

*REFUERZO
CANTIDAD DE CONTRATOS	PRECIO DE COMPRA	INVERSIÓN
....	....	....

- PRECIO DE VENTA ....
- GANANCIA ....
- RENTABILIDAD ....

SEMANA

The **Millionarie Way**
agenda

FECHA DE INICIO .... FECHA DE TÉRMINO ....

TRADE 1

- EMPRESA ....
- ESTRATEGIA ....
- CANTIDAD DE CONTRATOS ....
- PRECIO DE COMPRA ....
- INVERSIÓN INICIAL ....

*REFUERZO

CANTIDAD DE CONTRATOS	PRECIO DE COMPRA	INVERSIÓN
....	....	....

- PRECIO DE VENTA ....
- GANANCIA ....
- RENTABILIDAD ....

TRADE 2

- EMPRESA ....
- ESTRATEGIA ....
- CANTIDAD DE CONTRATOS ....
- PRECIO DE COMPRA ....
- INVERSIÓN INICIAL ....

*REFUERZO

CANTIDAD DE CONTRATOS	PRECIO DE COMPRA	INVERSIÓN
....	....	....

- PRECIO DE VENTA ....
- GANANCIA ....
- RENTABILIDAD ....

TRADE 3

- EMPRESA ....
- ESTRATEGIA ....
- CANTIDAD DE CONTRATOS ....
- PRECIO DE COMPRA ....
- INVERSIÓN INICIAL ....

*REFUERZO

CANTIDAD DE CONTRATOS	PRECIO DE COMPRA	INVERSIÓN
....	....	....

- PRECIO DE VENTA ....
- GANANCIA ....
- RENTABILIDAD ....

SEMANA

FECHA DE INICIO .... FECHA DE TÉRMINO ....

TRADE 1

- EMPRESA ....
- ESTRATEGIA ....
- CANTIDAD DE CONTRATOS ....
- PRECIO DE COMPRA ....
- INVERSIÓN INICIAL ....

*REFUERZO	CANTIDAD DE CONTRATOS	PRECIO DE COMPRA	INVERSIÓN
	....	....	....

- PRECIO DE VENTA ....
- GANANCIA ....
- RENTABILIDAD ....

TRADE 2

- EMPRESA ....
- ESTRATEGIA ....
- CANTIDAD DE CONTRATOS ....
- PRECIO DE COMPRA ....
- INVERSIÓN INICIAL ....

*REFUERZO	CANTIDAD DE CONTRATOS	PRECIO DE COMPRA	INVERSIÓN
	....	....	....

- PRECIO DE VENTA ....
- GANANCIA ....
- RENTABILIDAD ....

TRADE 3

- EMPRESA ....
- ESTRATEGIA ....
- CANTIDAD DE CONTRATOS ....
- PRECIO DE COMPRA ....
- INVERSIÓN INICIAL ....

*REFUERZO	CANTIDAD DE CONTRATOS	PRECIO DE COMPRA	INVERSIÓN
	....	....	....

- PRECIO DE VENTA ....
- GANANCIA ....
- RENTABILIDAD ....

SEMANA _____

The Millionarie Way
agenda

FECHA DE INICIO _____   FECHA DE TÉRMINO _____

TRADE 1

- ○ EMPRESA _____
- ○ ESTRATEGIA _____
- ○ CANTIDAD DE CONTRATOS _____
- ○ PRECIO DE COMPRA _____
- ○ INVERSIÓN INICIAL _____

*REFUERZO	CANTIDAD DE CONTRATOS	PRECIO DE COMPRA	INVERSIÓN
	_____	_____	_____

- ○ PRECIO DE VENTA _____
- ○ GANANCIA _____
- ○ RENTABILIDAD _____

TRADE 2

- ○ EMPRESA _____
- ○ ESTRATEGIA _____
- ○ CANTIDAD DE CONTRATOS _____
- ○ PRECIO DE COMPRA _____
- ○ INVERSIÓN INICIAL _____

*REFUERZO	CANTIDAD DE CONTRATOS	PRECIO DE COMPRA	INVERSIÓN
	_____	_____	_____

- ○ PRECIO DE VENTA _____
- ○ GANANCIA _____
- ○ RENTABILIDAD _____

TRADE 3

- ○ EMPRESA _____
- ○ ESTRATEGIA _____
- ○ CANTIDAD DE CONTRATOS _____
- ○ PRECIO DE COMPRA _____
- ○ INVERSIÓN INICIAL _____

*REFUERZO	CANTIDAD DE CONTRATOS	PRECIO DE COMPRA	INVERSIÓN
	_____	_____	_____

- ○ PRECIO DE VENTA _____
- ○ GANANCIA _____
- ○ RENTABILIDAD _____

SEMANA

FECHA DE INICIO .... FECHA DE TÉRMINO ....

TRADE 1

- ○ EMPRESA ....
- ○ ESTRATEGIA ....
- ○ CANTIDAD DE CONTRATOS ....
- ○ PRECIO DE COMPRA ....
- ○ INVERSIÓN INICIAL ....

| *REFUERZO | CANTIDAD DE CONTRATOS .... | PRECIO DE COMPRA .... | INVERSIÓN .... |

- ○ PRECIO DE VENTA ....
- ○ GANANCIA ....
- ○ RENTABILIDAD ....

TRADE 2

- ○ EMPRESA ....
- ○ ESTRATEGIA ....
- ○ CANTIDAD DE CONTRATOS ....
- ○ PRECIO DE COMPRA ....
- ○ INVERSIÓN INICIAL ....

| *REFUERZO | CANTIDAD DE CONTRATOS .... | PRECIO DE COMPRA .... | INVERSIÓN .... |

- ○ PRECIO DE VENTA ....
- ○ GANANCIA ....
- ○ RENTABILIDAD ....

TRADE 3

- ○ EMPRESA ....
- ○ ESTRATEGIA ....
- ○ CANTIDAD DE CONTRATOS ....
- ○ PRECIO DE COMPRA ....
- ○ INVERSIÓN INICIAL ....

| *REFUERZO | CANTIDAD DE CONTRATOS .... | PRECIO DE COMPRA .... | INVERSIÓN .... |

- ○ PRECIO DE VENTA ....
- ○ GANANCIA ....
- ○ RENTABILIDAD ....

Siempre habrá alguien que **dude de ti**, solo asegúrate de que esa persona **no seas tú**.

The **Millionarie Way**
agenda

SEMANA

FECHA DE INICIO .... FECHA DE TÉRMINO ....

TRADE 1

- EMPRESA ....
- ESTRATEGIA ....
- CANTIDAD DE CONTRATOS ....
- PRECIO DE COMPRA ....
- INVERSIÓN INICIAL ....

*REFUERZO
CANTIDAD DE CONTRATOS	PRECIO DE COMPRA	INVERSIÓN
....	....	....

- PRECIO DE VENTA ....
- GANANCIA ....
- RENTABILIDAD ....

TRADE 2

- EMPRESA ....
- ESTRATEGIA ....
- CANTIDAD DE CONTRATOS ....
- PRECIO DE COMPRA ....
- INVERSIÓN INICIAL ....

*REFUERZO
CANTIDAD DE CONTRATOS	PRECIO DE COMPRA	INVERSIÓN
....	....	....

- PRECIO DE VENTA ....
- GANANCIA ....
- RENTABILIDAD ....

TRADE 3

- EMPRESA ....
- ESTRATEGIA ....
- CANTIDAD DE CONTRATOS ....
- PRECIO DE COMPRA ....
- INVERSIÓN INICIAL ....

*REFUERZO
CANTIDAD DE CONTRATOS	PRECIO DE COMPRA	INVERSIÓN
....	....	....

- PRECIO DE VENTA ....
- GANANCIA ....
- RENTABILIDAD ....

SEMANA

The Millionarie Way
agenda

FECHA DE INICIO .... FECHA DE TÉRMINO ....

TRADE 1

- EMPRESA ....
- ESTRATEGIA ....
- CANTIDAD DE CONTRATOS ....
- PRECIO DE COMPRA ....
- INVERSIÓN INICIAL ....

*REFUERZO	CANTIDAD DE CONTRATOS	PRECIO DE COMPRA	INVERSIÓN
	....	....	....

- PRECIO DE VENTA ....
- GANANCIA ....
- RENTABILIDAD ....

TRADE 2

- EMPRESA ....
- ESTRATEGIA ....
- CANTIDAD DE CONTRATOS ....
- PRECIO DE COMPRA ....
- INVERSIÓN INICIAL ....

*REFUERZO	CANTIDAD DE CONTRATOS	PRECIO DE COMPRA	INVERSIÓN
	....	....	....

- PRECIO DE VENTA ....
- GANANCIA ....
- RENTABILIDAD ....

TRADE 3

- EMPRESA ....
- ESTRATEGIA ....
- CANTIDAD DE CONTRATOS ....
- PRECIO DE COMPRA ....
- INVERSIÓN INICIAL ....

*REFUERZO	CANTIDAD DE CONTRATOS	PRECIO DE COMPRA	INVERSIÓN
	....	....	....

- PRECIO DE VENTA ....
- GANANCIA ....
- RENTABILIDAD ....

SEMANA

FECHA DE INICIO .... FECHA DE TÉRMINO ....

TRADE 1

- EMPRESA ....
- ESTRATEGIA ....
- CANTIDAD DE CONTRATOS ....
- PRECIO DE COMPRA ....
- INVERSIÓN INICIAL ....

*REFUERZO

CANTIDAD DE CONTRATOS	PRECIO DE COMPRA	INVERSIÓN
....	....	....

- PRECIO DE VENTA ....
- GANANCIA ....
- RENTABILIDAD ....

TRADE 2

- EMPRESA ....
- ESTRATEGIA ....
- CANTIDAD DE CONTRATOS ....
- PRECIO DE COMPRA ....
- INVERSIÓN INICIAL ....

*REFUERZO

CANTIDAD DE CONTRATOS	PRECIO DE COMPRA	INVERSIÓN
....	....	....

- PRECIO DE VENTA ....
- GANANCIA ....
- RENTABILIDAD ....

TRADE 3

- EMPRESA ....
- ESTRATEGIA ....
- CANTIDAD DE CONTRATOS ....
- PRECIO DE COMPRA ....
- INVERSIÓN INICIAL ....

*REFUERZO

CANTIDAD DE CONTRATOS	PRECIO DE COMPRA	INVERSIÓN
....	....	....

- PRECIO DE VENTA ....
- GANANCIA ....
- RENTABILIDAD ....

SEMANA

The Millionarie Way
agenda

FECHA DE INICIO .... FECHA DE TÉRMINO ....

TRADE 1

- EMPRESA ....
- ESTRATEGIA ....
- CANTIDAD DE CONTRATOS ....
- PRECIO DE COMPRA ....
- INVERSIÓN INICIAL ....

*REFUERZO

CANTIDAD DE CONTRATOS	PRECIO DE COMPRA	INVERSIÓN
....	....	....

- PRECIO DE VENTA ....
- GANANCIA ....
- RENTABILIDAD ....

TRADE 2

- EMPRESA ....
- ESTRATEGIA ....
- CANTIDAD DE CONTRATOS ....
- PRECIO DE COMPRA ....
- INVERSIÓN INICIAL ....

*REFUERZO

CANTIDAD DE CONTRATOS	PRECIO DE COMPRA	INVERSIÓN
....	....	....

- PRECIO DE VENTA ....
- GANANCIA ....
- RENTABILIDAD ....

TRADE 3

- EMPRESA ....
- ESTRATEGIA ....
- CANTIDAD DE CONTRATOS ....
- PRECIO DE COMPRA ....
- INVERSIÓN INICIAL ....

*REFUERZO

CANTIDAD DE CONTRATOS	PRECIO DE COMPRA	INVERSIÓN
....	....	....

- PRECIO DE VENTA ....
- GANANCIA ....
- RENTABILIDAD ....

SEMANA

FECHA DE INICIO .... FECHA DE TÉRMINO ....

TRADE 1

- EMPRESA ....
- ESTRATEGIA ....
- CANTIDAD DE CONTRATOS ....
- PRECIO DE COMPRA ....
- INVERSIÓN INICIAL ....

*REFUERZO
CANTIDAD DE CONTRATOS	PRECIO DE COMPRA	INVERSIÓN
....	....	....

- PRECIO DE VENTA ....
- GANANCIA ....
- RENTABILIDAD ....

TRADE 2

- EMPRESA ....
- ESTRATEGIA ....
- CANTIDAD DE CONTRATOS ....
- PRECIO DE COMPRA ....
- INVERSIÓN INICIAL ....

*REFUERZO
CANTIDAD DE CONTRATOS	PRECIO DE COMPRA	INVERSIÓN
....	....	....

- PRECIO DE VENTA ....
- GANANCIA ....
- RENTABILIDAD ....

TRADE 3

- EMPRESA ....
- ESTRATEGIA ....
- CANTIDAD DE CONTRATOS ....
- PRECIO DE COMPRA ....
- INVERSIÓN INICIAL ....

*REFUERZO
CANTIDAD DE CONTRATOS	PRECIO DE COMPRA	INVERSIÓN
....	....	....

- PRECIO DE VENTA ....
- GANANCIA ....
- RENTABILIDAD ....

SEMANA

The Millionarie Way
agenda

FECHA DE INICIO .... FECHA DE TÉRMINO ....

TRADE 1

- EMPRESA ....
- ESTRATEGIA ....
- CANTIDAD DE CONTRATOS ....
- PRECIO DE COMPRA ....
- INVERSIÓN INICIAL ....

*REFUERZO

CANTIDAD DE CONTRATOS	PRECIO DE COMPRA	INVERSIÓN
....	....	....

- PRECIO DE VENTA ....
- GANANCIA ....
- RENTABILIDAD ....

TRADE 2

- EMPRESA ....
- ESTRATEGIA ....
- CANTIDAD DE CONTRATOS ....
- PRECIO DE COMPRA ....
- INVERSIÓN INICIAL ....

*REFUERZO

CANTIDAD DE CONTRATOS	PRECIO DE COMPRA	INVERSIÓN
....	....	....

- PRECIO DE VENTA ....
- GANANCIA ....
- RENTABILIDAD ....

TRADE 3

- EMPRESA ....
- ESTRATEGIA ....
- CANTIDAD DE CONTRATOS ....
- PRECIO DE COMPRA ....
- INVERSIÓN INICIAL ....

*REFUERZO

CANTIDAD DE CONTRATOS	PRECIO DE COMPRA	INVERSIÓN
....	....	....

- PRECIO DE VENTA ....
- GANANCIA ....
- RENTABILIDAD ....

SEMANA

FECHA DE INICIO .... FECHA DE TÉRMINO ....

TRADE 1

- ○ EMPRESA ....
- ○ ESTRATEGIA ....
- ○ CANTIDAD DE CONTRATOS ....
- ○ PRECIO DE COMPRA ....
- ○ INVERSIÓN INICIAL ....

*REFUERZO

| CANTIDAD DE CONTRATOS .... | PRECIO DE COMPRA .... | INVERSIÓN .... |

- ○ PRECIO DE VENTA ....
- ○ GANANCIA ....
- ○ RENTABILIDAD ....

TRADE 2

- ○ EMPRESA ....
- ○ ESTRATEGIA ....
- ○ CANTIDAD DE CONTRATOS ....
- ○ PRECIO DE COMPRA ....
- ○ INVERSIÓN INICIAL ....

*REFUERZO

| CANTIDAD DE CONTRATOS .... | PRECIO DE COMPRA .... | INVERSIÓN .... |

- ○ PRECIO DE VENTA ....
- ○ GANANCIA ....
- ○ RENTABILIDAD ....

TRADE 3

- ○ EMPRESA ....
- ○ ESTRATEGIA ....
- ○ CANTIDAD DE CONTRATOS ....
- ○ PRECIO DE COMPRA ....
- ○ INVERSIÓN INICIAL ....

*REFUERZO

| CANTIDAD DE CONTRATOS .... | PRECIO DE COMPRA .... | INVERSIÓN .... |

- ○ PRECIO DE VENTA ....
- ○ GANANCIA ....
- ○ RENTABILIDAD ....

Pon tu **energía** solo en lo que puedes **controlar.**

The
Millionarie Way
agenda

SEMANA

FECHA DE INICIO .... FECHA DE TÉRMINO ....

TRADE 1

- EMPRESA ....
- ESTRATEGIA ....
- CANTIDAD DE CONTRATOS ....
- PRECIO DE COMPRA ....
- INVERSIÓN INICIAL ....

*REFUERZO | CANTIDAD DE CONTRATOS .... | PRECIO DE COMPRA .... | INVERSIÓN ....

- PRECIO DE VENTA ....
- GANANCIA ....
- RENTABILIDAD ....

TRADE 2

- EMPRESA ....
- ESTRATEGIA ....
- CANTIDAD DE CONTRATOS ....
- PRECIO DE COMPRA ....
- INVERSIÓN INICIAL ....

*REFUERZO | CANTIDAD DE CONTRATOS .... | PRECIO DE COMPRA .... | INVERSIÓN ....

- PRECIO DE VENTA ....
- GANANCIA ....
- RENTABILIDAD ....

TRADE 3

- EMPRESA ....
- ESTRATEGIA ....
- CANTIDAD DE CONTRATOS ....
- PRECIO DE COMPRA ....
- INVERSIÓN INICIAL ....

*REFUERZO | CANTIDAD DE CONTRATOS .... | PRECIO DE COMPRA .... | INVERSIÓN ....

- PRECIO DE VENTA ....
- GANANCIA ....
- RENTABILIDAD ....

SEMANA ....

The Millionarie Way
agenda

FECHA DE INICIO .... FECHA DE TÉRMINO ....

TRADE 1

- ○ EMPRESA ....
- ○ ESTRATEGIA ....
- ○ CANTIDAD DE CONTRATOS ....
- ○ PRECIO DE COMPRA ....
- ○ INVERSIÓN INICIAL ....

*REFUERZO

| CANTIDAD DE CONTRATOS .... | PRECIO DE COMPRA .... | INVERSIÓN .... |

- ○ PRECIO DE VENTA ....
- ○ GANANCIA ....
- ○ RENTABILIDAD ....

TRADE 2

- ○ EMPRESA ....
- ○ ESTRATEGIA ....
- ○ CANTIDAD DE CONTRATOS ....
- ○ PRECIO DE COMPRA ....
- ○ INVERSIÓN INICIAL ....

*REFUERZO

| CANTIDAD DE CONTRATOS .... | PRECIO DE COMPRA .... | INVERSIÓN .... |

- ○ PRECIO DE VENTA ....
- ○ GANANCIA ....
- ○ RENTABILIDAD ....

TRADE 3

- ○ EMPRESA ....
- ○ ESTRATEGIA ....
- ○ CANTIDAD DE CONTRATOS ....
- ○ PRECIO DE COMPRA ....
- ○ INVERSIÓN INICIAL ....

*REFUERZO

| CANTIDAD DE CONTRATOS .... | PRECIO DE COMPRA .... | INVERSIÓN .... |

- ○ PRECIO DE VENTA ....
- ○ GANANCIA ....
- ○ RENTABILIDAD ....

SEMANA

FECHA DE INICIO .... FECHA DE TÉRMINO ....

TRADE 1

- ⭘ EMPRESA ....
- ⭘ ESTRATEGIA ....
- ⭘ CANTIDAD DE CONTRATOS ....
- ⭘ PRECIO DE COMPRA ....
- ⭘ INVERSIÓN INICIAL ....

*REFUERZO	CANTIDAD DE CONTRATOS	PRECIO DE COMPRA	INVERSIÓN
	....	....	....

- ⭘ PRECIO DE VENTA ....
- ⭘ GANANCIA ....
- ⭘ RENTABILIDAD ....

TRADE 2

- ⭘ EMPRESA ....
- ⭘ ESTRATEGIA ....
- ⭘ CANTIDAD DE CONTRATOS ....
- ⭘ PRECIO DE COMPRA ....
- ⭘ INVERSIÓN INICIAL ....

*REFUERZO	CANTIDAD DE CONTRATOS	PRECIO DE COMPRA	INVERSIÓN
	....	....	....

- ⭘ PRECIO DE VENTA ....
- ⭘ GANANCIA ....
- ⭘ RENTABILIDAD ....

TRADE 3

- ⭘ EMPRESA ....
- ⭘ ESTRATEGIA ....
- ⭘ CANTIDAD DE CONTRATOS ....
- ⭘ PRECIO DE COMPRA ....
- ⭘ INVERSIÓN INICIAL ....

*REFUERZO	CANTIDAD DE CONTRATOS	PRECIO DE COMPRA	INVERSIÓN
	....	....	....

- ⭘ PRECIO DE VENTA ....
- ⭘ GANANCIA ....
- ⭘ RENTABILIDAD ....

SEMANA ....

The **Millionarie Way**
agenda

FECHA DE INICIO .... FECHA DE TÉRMINO ....

TRADE 1

- ○ EMPRESA ....
- ○ ESTRATEGIA ....
- ○ CANTIDAD DE CONTRATOS ....
- ○ PRECIO DE COMPRA ....
- ○ INVERSIÓN INICIAL ....

*REFUERZO	CANTIDAD DE CONTRATOS	PRECIO DE COMPRA	INVERSIÓN
	....	....	....

- ○ PRECIO DE VENTA ....
- ○ GANANCIA ....
- ○ RENTABILIDAD ....

TRADE 2

- ○ EMPRESA ....
- ○ ESTRATEGIA ....
- ○ CANTIDAD DE CONTRATOS ....
- ○ PRECIO DE COMPRA ....
- ○ INVERSIÓN INICIAL ....

*REFUERZO	CANTIDAD DE CONTRATOS	PRECIO DE COMPRA	INVERSIÓN
	....	....	....

- ○ PRECIO DE VENTA ....
- ○ GANANCIA ....
- ○ RENTABILIDAD ....

TRADE 3

- ○ EMPRESA ....
- ○ ESTRATEGIA ....
- ○ CANTIDAD DE CONTRATOS ....
- ○ PRECIO DE COMPRA ....
- ○ INVERSIÓN INICIAL ....

*REFUERZO	CANTIDAD DE CONTRATOS	PRECIO DE COMPRA	INVERSIÓN
	....	....	....

- ○ PRECIO DE VENTA ....
- ○ GANANCIA ....
- ○ RENTABILIDAD ....

SEMANA

FECHA DE INICIO .... FECHA DE TÉRMINO ....

TRADE 1

- ○ EMPRESA
- ○ ESTRATEGIA
- ○ CANTIDAD DE CONTRATOS
- ○ PRECIO DE COMPRA
- ○ INVERSIÓN INICIAL

*REFUERZO | CANTIDAD DE CONTRATOS .... PRECIO DE COMPRA .... INVERSIÓN ....

- ○ PRECIO DE VENTA
- ○ GANANCIA
- ○ RENTABILIDAD

TRADE 2

- ○ EMPRESA
- ○ ESTRATEGIA
- ○ CANTIDAD DE CONTRATOS
- ○ PRECIO DE COMPRA
- ○ INVERSIÓN INICIAL

*REFUERZO | CANTIDAD DE CONTRATOS .... PRECIO DE COMPRA .... INVERSIÓN ....

- ○ PRECIO DE VENTA
- ○ GANANCIA
- ○ RENTABILIDAD

TRADE 3

- ○ EMPRESA
- ○ ESTRATEGIA
- ○ CANTIDAD DE CONTRATOS
- ○ PRECIO DE COMPRA
- ○ INVERSIÓN INICIAL

*REFUERZO | CANTIDAD DE CONTRATOS .... PRECIO DE COMPRA .... INVERSIÓN ....

- ○ PRECIO DE VENTA
- ○ GANANCIA
- ○ RENTABILIDAD

SEMANA

The Millionarie Way agenda

FECHA DE INICIO .... FECHA DE TÉRMINO ....

TRADE 1

- EMPRESA ....
- ESTRATEGIA ....
- CANTIDAD DE CONTRATOS ....
- PRECIO DE COMPRA ....
- INVERSIÓN INICIAL ....

*REFUERZO
| CANTIDAD DE CONTRATOS .... | PRECIO DE COMPRA .... | INVERSIÓN .... |

- PRECIO DE VENTA ....
- GANANCIA ....
- RENTABILIDAD ....

TRADE 2

- EMPRESA ....
- ESTRATEGIA ....
- CANTIDAD DE CONTRATOS ....
- PRECIO DE COMPRA ....
- INVERSIÓN INICIAL ....

*REFUERZO
| CANTIDAD DE CONTRATOS .... | PRECIO DE COMPRA .... | INVERSIÓN .... |

- PRECIO DE VENTA ....
- GANANCIA ....
- RENTABILIDAD ....

TRADE 3

- EMPRESA ....
- ESTRATEGIA ....
- CANTIDAD DE CONTRATOS ....
- PRECIO DE COMPRA ....
- INVERSIÓN INICIAL ....

*REFUERZO
| CANTIDAD DE CONTRATOS .... | PRECIO DE COMPRA .... | INVERSIÓN .... |

- PRECIO DE VENTA ....
- GANANCIA ....
- RENTABILIDAD ....

SEMANA ....

FECHA DE INICIO .... FECHA DE TÉRMINO ....

TRADE 1

- EMPRESA ....
- ESTRATEGIA ....
- CANTIDAD DE CONTRATOS ....
- PRECIO DE COMPRA ....
- INVERSIÓN INICIAL ....

*REFUERZO | CANTIDAD DE CONTRATOS .... PRECIO DE COMPRA .... INVERSIÓN ....

- PRECIO DE VENTA ....
- GANANCIA ....
- RENTABILIDAD ....

TRADE 2

- EMPRESA ....
- ESTRATEGIA ....
- CANTIDAD DE CONTRATOS ....
- PRECIO DE COMPRA ....
- INVERSIÓN INICIAL ....

*REFUERZO | CANTIDAD DE CONTRATOS .... PRECIO DE COMPRA .... INVERSIÓN ....

- PRECIO DE VENTA ....
- GANANCIA ....
- RENTABILIDAD ....

TRADE 3

- EMPRESA ....
- ESTRATEGIA ....
- CANTIDAD DE CONTRATOS ....
- PRECIO DE COMPRA ....
- INVERSIÓN INICIAL ....

*REFUERZO | CANTIDAD DE CONTRATOS .... PRECIO DE COMPRA .... INVERSIÓN ....

- PRECIO DE VENTA ....
- GANANCIA ....
- RENTABILIDAD ....

Mientras más aprendes más ganas.

The **Millionarie Way**
agenda

SEMANA

FECHA DE INICIO .... FECHA DE TÉRMINO ....

TRADE 1

- ○ EMPRESA ....
- ○ ESTRATEGIA ....
- ○ CANTIDAD DE CONTRATOS ....
- ○ PRECIO DE COMPRA ....
- ○ INVERSIÓN INICIAL ....

*REFUERZO

CANTIDAD DE CONTRATOS	PRECIO DE COMPRA	INVERSIÓN
....	....	....

- ○ PRECIO DE VENTA ....
- ○ GANANCIA ....
- ○ RENTABILIDAD ....

TRADE 2

- ○ EMPRESA ....
- ○ ESTRATEGIA ....
- ○ CANTIDAD DE CONTRATOS ....
- ○ PRECIO DE COMPRA ....
- ○ INVERSIÓN INICIAL ....

*REFUERZO

CANTIDAD DE CONTRATOS	PRECIO DE COMPRA	INVERSIÓN
....	....	....

- ○ PRECIO DE VENTA ....
- ○ GANANCIA ....
- ○ RENTABILIDAD ....

TRADE 3

- ○ EMPRESA ....
- ○ ESTRATEGIA ....
- ○ CANTIDAD DE CONTRATOS ....
- ○ PRECIO DE COMPRA ....
- ○ INVERSIÓN INICIAL ....

*REFUERZO

CANTIDAD DE CONTRATOS	PRECIO DE COMPRA	INVERSIÓN
....	....	....

- ○ PRECIO DE VENTA ....
- ○ GANANCIA ....
- ○ RENTABILIDAD ....

SEMANA

The Millionarie Way
agenda

FECHA DE INICIO .... FECHA DE TÉRMINO ....

TRADE 1

- ○ EMPRESA ....
- ○ ESTRATEGIA ....
- ○ CANTIDAD DE CONTRATOS ....
- ○ PRECIO DE COMPRA ....
- ○ INVERSIÓN INICIAL ....

*REFUERZO

CANTIDAD DE CONTRATOS	PRECIO DE COMPRA	INVERSIÓN
....	....	....

- ○ PRECIO DE VENTA ....
- ○ GANANCIA ....
- ○ RENTABILIDAD ....

TRADE 2

- ○ EMPRESA ....
- ○ ESTRATEGIA ....
- ○ CANTIDAD DE CONTRATOS ....
- ○ PRECIO DE COMPRA ....
- ○ INVERSIÓN INICIAL ....

*REFUERZO

CANTIDAD DE CONTRATOS	PRECIO DE COMPRA	INVERSIÓN
....	....	....

- ○ PRECIO DE VENTA ....
- ○ GANANCIA ....
- ○ RENTABILIDAD ....

TRADE 3

- ○ EMPRESA ....
- ○ ESTRATEGIA ....
- ○ CANTIDAD DE CONTRATOS ....
- ○ PRECIO DE COMPRA ....
- ○ INVERSIÓN INICIAL ....

*REFUERZO

CANTIDAD DE CONTRATOS	PRECIO DE COMPRA	INVERSIÓN
....	....	....

- ○ PRECIO DE VENTA ....
- ○ GANANCIA ....
- ○ RENTABILIDAD ....

SEMANA

FECHA DE INICIO .... FECHA DE TÉRMINO ....

TRADE 1

- EMPRESA ....
- ESTRATEGIA ....
- CANTIDAD DE CONTRATOS ....
- PRECIO DE COMPRA ....
- INVERSIÓN INICIAL ....

*REFUERZO

CANTIDAD DE CONTRATOS	PRECIO DE COMPRA	INVERSIÓN
....	....	....

- PRECIO DE VENTA ....
- GANANCIA ....
- RENTABILIDAD ....

TRADE 2

- EMPRESA ....
- ESTRATEGIA ....
- CANTIDAD DE CONTRATOS ....
- PRECIO DE COMPRA ....
- INVERSIÓN INICIAL ....

*REFUERZO

CANTIDAD DE CONTRATOS	PRECIO DE COMPRA	INVERSIÓN
....	....	....

- PRECIO DE VENTA ....
- GANANCIA ....
- RENTABILIDAD ....

TRADE 3

- EMPRESA ....
- ESTRATEGIA ....
- CANTIDAD DE CONTRATOS ....
- PRECIO DE COMPRA ....
- INVERSIÓN INICIAL ....

*REFUERZO

CANTIDAD DE CONTRATOS	PRECIO DE COMPRA	INVERSIÓN
....	....	....

- PRECIO DE VENTA ....
- GANANCIA ....
- RENTABILIDAD ....

SEMANA

The Millionarie Way
agenda

FECHA DE INICIO .... FECHA DE TÉRMINO ....

TRADE 1

- EMPRESA ....
- ESTRATEGIA ....
- CANTIDAD DE CONTRATOS ....
- PRECIO DE COMPRA ....
- INVERSIÓN INICIAL ....

*REFUERZO

CANTIDAD DE CONTRATOS	PRECIO DE COMPRA	INVERSIÓN
....	....	....

- PRECIO DE VENTA ....
- GANANCIA ....
- RENTABILIDAD ....

TRADE 2

- EMPRESA ....
- ESTRATEGIA ....
- CANTIDAD DE CONTRATOS ....
- PRECIO DE COMPRA ....
- INVERSIÓN INICIAL ....

*REFUERZO

CANTIDAD DE CONTRATOS	PRECIO DE COMPRA	INVERSIÓN
....	....	....

- PRECIO DE VENTA ....
- GANANCIA ....
- RENTABILIDAD ....

TRADE 3

- EMPRESA ....
- ESTRATEGIA ....
- CANTIDAD DE CONTRATOS ....
- PRECIO DE COMPRA ....
- INVERSIÓN INICIAL ....

*REFUERZO

CANTIDAD DE CONTRATOS	PRECIO DE COMPRA	INVERSIÓN
....	....	....

- PRECIO DE VENTA ....
- GANANCIA ....
- RENTABILIDAD ....

SEMANA ....

FECHA DE INICIO .... FECHA DE TÉRMINO ....

TRADE 1

- ○ EMPRESA ....
- ○ ESTRATEGIA ....
- ○ CANTIDAD DE CONTRATOS ....
- ○ PRECIO DE COMPRA ....
- ○ INVERSIÓN INICIAL ....

| *REFUERZO | CANTIDAD DE CONTRATOS .... | PRECIO DE COMPRA .... | INVERSIÓN .... |

- ○ PRECIO DE VENTA ....
- ○ GANANCIA ....
- ○ RENTABILIDAD ....

TRADE 2

- ○ EMPRESA ....
- ○ ESTRATEGIA ....
- ○ CANTIDAD DE CONTRATOS ....
- ○ PRECIO DE COMPRA ....
- ○ INVERSIÓN INICIAL ....

| *REFUERZO | CANTIDAD DE CONTRATOS .... | PRECIO DE COMPRA .... | INVERSIÓN .... |

- ○ PRECIO DE VENTA ....
- ○ GANANCIA ....
- ○ RENTABILIDAD ....

TRADE 3

- ○ EMPRESA ....
- ○ ESTRATEGIA ....
- ○ CANTIDAD DE CONTRATOS ....
- ○ PRECIO DE COMPRA ....
- ○ INVERSIÓN INICIAL ....

| *REFUERZO | CANTIDAD DE CONTRATOS .... | PRECIO DE COMPRA .... | INVERSIÓN .... |

- ○ PRECIO DE VENTA ....
- ○ GANANCIA ....
- ○ RENTABILIDAD ....

SEMANA

The
Millionarie Way
agenda

FECHA DE INICIO .... FECHA DE TÉRMINO ....

TRADE 1

- EMPRESA ....
- ESTRATEGIA ....
- CANTIDAD DE CONTRATOS ....
- PRECIO DE COMPRA ....
- INVERSIÓN INICIAL ....

*REFUERZO | CANTIDAD DE CONTRATOS .... | PRECIO DE COMPRA .... | INVERSIÓN ....

- PRECIO DE VENTA ....
- GANANCIA ....
- RENTABILIDAD ....

TRADE 2

- EMPRESA ....
- ESTRATEGIA ....
- CANTIDAD DE CONTRATOS ....
- PRECIO DE COMPRA ....
- INVERSIÓN INICIAL ....

*REFUERZO | CANTIDAD DE CONTRATOS .... | PRECIO DE COMPRA .... | INVERSIÓN ....

- PRECIO DE VENTA ....
- GANANCIA ....
- RENTABILIDAD ....

TRADE 3

- EMPRESA ....
- ESTRATEGIA ....
- CANTIDAD DE CONTRATOS ....
- PRECIO DE COMPRA ....
- INVERSIÓN INICIAL ....

*REFUERZO | CANTIDAD DE CONTRATOS .... | PRECIO DE COMPRA .... | INVERSIÓN ....

- PRECIO DE VENTA ....
- GANANCIA ....
- RENTABILIDAD ....

SEMANA

FECHA DE INICIO .... FECHA DE TÉRMINO ....

TRADE 1

- ◯ EMPRESA ....
- ◯ ESTRATEGIA ....
- ◯ CANTIDAD DE CONTRATOS ....
- ◯ PRECIO DE COMPRA ....
- ◯ INVERSIÓN INICIAL ....

*REFUERZO
CANTIDAD DE CONTRATOS	PRECIO DE COMPRA	INVERSIÓN
....	....	....

- ◯ PRECIO DE VENTA ....
- ◯ GANANCIA ....
- ◯ RENTABILIDAD ....

TRADE 2

- ◯ EMPRESA ....
- ◯ ESTRATEGIA ....
- ◯ CANTIDAD DE CONTRATOS ....
- ◯ PRECIO DE COMPRA ....
- ◯ INVERSIÓN INICIAL ....

*REFUERZO
CANTIDAD DE CONTRATOS	PRECIO DE COMPRA	INVERSIÓN
....	....	....

- ◯ PRECIO DE VENTA ....
- ◯ GANANCIA ....
- ◯ RENTABILIDAD ....

TRADE 3

- ◯ EMPRESA ....
- ◯ ESTRATEGIA ....
- ◯ CANTIDAD DE CONTRATOS ....
- ◯ PRECIO DE COMPRA ....
- ◯ INVERSIÓN INICIAL ....

*REFUERZO
CANTIDAD DE CONTRATOS	PRECIO DE COMPRA	INVERSIÓN
....	....	....

- ◯ PRECIO DE VENTA ....
- ◯ GANANCIA ....
- ◯ RENTABILIDAD ....

No se trata de **cuánto** dinero ganes, si no de **cómo** ganas el dinero.

The **Millionarie Way**
agenda

SEMANA

FECHA DE INICIO .... FECHA DE TÉRMINO ....

TRADE 1

- EMPRESA ....
- ESTRATEGIA ....
- CANTIDAD DE CONTRATOS ....
- PRECIO DE COMPRA ....
- INVERSIÓN INICIAL ....

| *REFUERZO | CANTIDAD DE CONTRATOS .... | PRECIO DE COMPRA .... | INVERSIÓN .... |

- PRECIO DE VENTA ....
- GANANCIA ....
- RENTABILIDAD ....

TRADE 2

- EMPRESA ....
- ESTRATEGIA ....
- CANTIDAD DE CONTRATOS ....
- PRECIO DE COMPRA ....
- INVERSIÓN INICIAL ....

| *REFUERZO | CANTIDAD DE CONTRATOS .... | PRECIO DE COMPRA .... | INVERSIÓN .... |

- PRECIO DE VENTA ....
- GANANCIA ....
- RENTABILIDAD ....

TRADE 3

- EMPRESA ....
- ESTRATEGIA ....
- CANTIDAD DE CONTRATOS ....
- PRECIO DE COMPRA ....
- INVERSIÓN INICIAL ....

| *REFUERZO | CANTIDAD DE CONTRATOS .... | PRECIO DE COMPRA .... | INVERSIÓN .... |

- PRECIO DE VENTA ....
- GANANCIA ....
- RENTABILIDAD ....

SEMANA ....

The Millionarie Way
agenda

FECHA DE INICIO .... FECHA DE TÉRMINO ....

TRADE 1

- ○ EMPRESA ....
- ○ ESTRATEGIA ....
- ○ CANTIDAD DE CONTRATOS ....
- ○ PRECIO DE COMPRA ....
- ○ INVERSIÓN INICIAL ....

*REFUERZO	CANTIDAD DE CONTRATOS	PRECIO DE COMPRA	INVERSIÓN
	....	....	....

- ○ PRECIO DE VENTA ....
- ○ GANANCIA ....
- ○ RENTABILIDAD ....

TRADE 2

- ○ EMPRESA ....
- ○ ESTRATEGIA ....
- ○ CANTIDAD DE CONTRATOS ....
- ○ PRECIO DE COMPRA ....
- ○ INVERSIÓN INICIAL ....

*REFUERZO	CANTIDAD DE CONTRATOS	PRECIO DE COMPRA	INVERSIÓN
	....	....	....

- ○ PRECIO DE VENTA ....
- ○ GANANCIA ....
- ○ RENTABILIDAD ....

TRADE 3

- ○ EMPRESA ....
- ○ ESTRATEGIA ....
- ○ CANTIDAD DE CONTRATOS ....
- ○ PRECIO DE COMPRA ....
- ○ INVERSIÓN INICIAL ....

*REFUERZO	CANTIDAD DE CONTRATOS	PRECIO DE COMPRA	INVERSIÓN
	....	....	....

- ○ PRECIO DE VENTA ....
- ○ GANANCIA ....
- ○ RENTABILIDAD ....

SEMANA ___

FECHA DE INICIO .... FECHA DE TÉRMINO ....

TRADE 1

- ○ EMPRESA ....
- ○ ESTRATEGIA ....
- ○ CANTIDAD DE CONTRATOS ....
- ○ PRECIO DE COMPRA ....
- ○ INVERSIÓN INICIAL ....

*REFUERZO	CANTIDAD DE CONTRATOS	PRECIO DE COMPRA	INVERSIÓN
	....	....	....

- ○ PRECIO DE VENTA ....
- ○ GANANCIA ....
- ○ RENTABILIDAD ....

TRADE 2

- ○ EMPRESA ....
- ○ ESTRATEGIA ....
- ○ CANTIDAD DE CONTRATOS ....
- ○ PRECIO DE COMPRA ....
- ○ INVERSIÓN INICIAL ....

*REFUERZO	CANTIDAD DE CONTRATOS	PRECIO DE COMPRA	INVERSIÓN
	....	....	....

- ○ PRECIO DE VENTA ....
- ○ GANANCIA ....
- ○ RENTABILIDAD ....

TRADE 3

- ○ EMPRESA ....
- ○ ESTRATEGIA ....
- ○ CANTIDAD DE CONTRATOS ....
- ○ PRECIO DE COMPRA ....
- ○ INVERSIÓN INICIAL ....

*REFUERZO	CANTIDAD DE CONTRATOS	PRECIO DE COMPRA	INVERSIÓN
	....	....	....

- ○ PRECIO DE VENTA ....
- ○ GANANCIA ....
- ○ RENTABILIDAD ....

SEMANA

The Millionarie Way agenda

FECHA DE INICIO .... FECHA DE TÉRMINO ....

TRADE 1

- EMPRESA ....
- ESTRATEGIA ....
- CANTIDAD DE CONTRATOS ....
- PRECIO DE COMPRA ....
- INVERSIÓN INICIAL ....

*REFUERZO	CANTIDAD DE CONTRATOS	PRECIO DE COMPRA	INVERSIÓN
	....	....	....

- PRECIO DE VENTA ....
- GANANCIA ....
- RENTABILIDAD ....

TRADE 2

- EMPRESA ....
- ESTRATEGIA ....
- CANTIDAD DE CONTRATOS ....
- PRECIO DE COMPRA ....
- INVERSIÓN INICIAL ....

*REFUERZO	CANTIDAD DE CONTRATOS	PRECIO DE COMPRA	INVERSIÓN
	....	....	....

- PRECIO DE VENTA ....
- GANANCIA ....
- RENTABILIDAD ....

TRADE 3

- EMPRESA ....
- ESTRATEGIA ....
- CANTIDAD DE CONTRATOS ....
- PRECIO DE COMPRA ....
- INVERSIÓN INICIAL ....

*REFUERZO	CANTIDAD DE CONTRATOS	PRECIO DE COMPRA	INVERSIÓN
	....	....	....

- PRECIO DE VENTA ....
- GANANCIA ....
- RENTABILIDAD ....

SEMANA

FECHA DE INICIO .... FECHA DE TÉRMINO ....

TRADE 1

- EMPRESA ....
- ESTRATEGIA ....
- CANTIDAD DE CONTRATOS ....
- PRECIO DE COMPRA ....
- INVERSIÓN INICIAL ....

*REFUERZO	CANTIDAD DE CONTRATOS	PRECIO DE COMPRA	INVERSIÓN
	....	....	....

- PRECIO DE VENTA ....
- GANANCIA ....
- RENTABILIDAD ....

TRADE 2

- EMPRESA ....
- ESTRATEGIA ....
- CANTIDAD DE CONTRATOS ....
- PRECIO DE COMPRA ....
- INVERSIÓN INICIAL ....

*REFUERZO	CANTIDAD DE CONTRATOS	PRECIO DE COMPRA	INVERSIÓN
	....	....	....

- PRECIO DE VENTA ....
- GANANCIA ....
- RENTABILIDAD ....

TRADE 3

- EMPRESA ....
- ESTRATEGIA ....
- CANTIDAD DE CONTRATOS ....
- PRECIO DE COMPRA ....
- INVERSIÓN INICIAL ....

*REFUERZO	CANTIDAD DE CONTRATOS	PRECIO DE COMPRA	INVERSIÓN
	....	....	....

- PRECIO DE VENTA ....
- GANANCIA ....
- RENTABILIDAD ....

SEMANA ....

The Millionarie Way
agenda

FECHA DE INICIO .... FECHA DE TÉRMINO ....

TRADE 1

- ○ EMPRESA ....
- ○ ESTRATEGIA ....
- ○ CANTIDAD DE CONTRATOS ....
- ○ PRECIO DE COMPRA ....
- ○ INVERSIÓN INICIAL ....

*REFUERZO	CANTIDAD DE CONTRATOS	PRECIO DE COMPRA	INVERSIÓN
	....	....	....

- ○ PRECIO DE VENTA ....
- ○ GANANCIA ....
- ○ RENTABILIDAD ....

TRADE 2

- ○ EMPRESA ....
- ○ ESTRATEGIA ....
- ○ CANTIDAD DE CONTRATOS ....
- ○ PRECIO DE COMPRA ....
- ○ INVERSIÓN INICIAL ....

*REFUERZO	CANTIDAD DE CONTRATOS	PRECIO DE COMPRA	INVERSIÓN
	....	....	....

- ○ PRECIO DE VENTA ....
- ○ GANANCIA ....
- ○ RENTABILIDAD ....

TRADE 3

- ○ EMPRESA ....
- ○ ESTRATEGIA ....
- ○ CANTIDAD DE CONTRATOS ....
- ○ PRECIO DE COMPRA ....
- ○ INVERSIÓN INICIAL ....

*REFUERZO	CANTIDAD DE CONTRATOS	PRECIO DE COMPRA	INVERSIÓN
	....	....	....

- ○ PRECIO DE VENTA ....
- ○ GANANCIA ....
- ○ RENTABILIDAD ....

SEMANA

FECHA DE INICIO .... FECHA DE TÉRMINO ....

TRADE 1

- ○ EMPRESA ....
- ○ ESTRATEGIA ....
- ○ CANTIDAD DE CONTRATOS ....
- ○ PRECIO DE COMPRA ....
- ○ INVERSIÓN INICIAL ....

| *REFUERZO | CANTIDAD DE CONTRATOS .... | PRECIO DE COMPRA .... | INVERSIÓN .... |

- ○ PRECIO DE VENTA ....
- ○ GANANCIA ....
- ○ RENTABILIDAD ....

TRADE 2

- ○ EMPRESA ....
- ○ ESTRATEGIA ....
- ○ CANTIDAD DE CONTRATOS ....
- ○ PRECIO DE COMPRA ....
- ○ INVERSIÓN INICIAL ....

| *REFUERZO | CANTIDAD DE CONTRATOS .... | PRECIO DE COMPRA .... | INVERSIÓN .... |

- ○ PRECIO DE VENTA ....
- ○ GANANCIA ....
- ○ RENTABILIDAD ....

TRADE 3

- ○ EMPRESA ....
- ○ ESTRATEGIA ....
- ○ CANTIDAD DE CONTRATOS ....
- ○ PRECIO DE COMPRA ....
- ○ INVERSIÓN INICIAL ....

| *REFUERZO | CANTIDAD DE CONTRATOS .... | PRECIO DE COMPRA .... | INVERSIÓN .... |

- ○ PRECIO DE VENTA ....
- ○ GANANCIA ....
- ○ RENTABILIDAD ....

SEMANA ....

The Millionarie Way
agenda

FECHA DE INICIO .... FECHA DE TÉRMINO ....

TRADE 1

- EMPRESA ....
- ESTRATEGIA ....
- CANTIDAD DE CONTRATOS ....
- PRECIO DE COMPRA ....
- INVERSIÓN INICIAL ....

*REFUERZO

CANTIDAD DE CONTRATOS .... PRECIO DE COMPRA .... INVERSIÓN ....

- PRECIO DE VENTA ....
- GANANCIA ....
- RENTABILIDAD ....

TRADE 2

- EMPRESA ....
- ESTRATEGIA ....
- CANTIDAD DE CONTRATOS ....
- PRECIO DE COMPRA ....
- INVERSIÓN INICIAL ....

*REFUERZO

CANTIDAD DE CONTRATOS .... PRECIO DE COMPRA .... INVERSIÓN ....

- PRECIO DE VENTA ....
- GANANCIA ....
- RENTABILIDAD ....

TRADE 3

- EMPRESA ....
- ESTRATEGIA ....
- CANTIDAD DE CONTRATOS ....
- PRECIO DE COMPRA ....
- INVERSIÓN INICIAL ....

*REFUERZO

CANTIDAD DE CONTRATOS .... PRECIO DE COMPRA .... INVERSIÓN ....

- PRECIO DE VENTA ....
- GANANCIA ....
- RENTABILIDAD ....

SEMANA _____

FECHA DE INICIO .... FECHA DE TÉRMINO ....

TRADE 1

- EMPRESA ....
- ESTRATEGIA ....
- CANTIDAD DE CONTRATOS ....
- PRECIO DE COMPRA ....
- INVERSIÓN INICIAL ....

*REFUERZO	CANTIDAD DE CONTRATOS	PRECIO DE COMPRA	INVERSIÓN
	....	....	....

- PRECIO DE VENTA ....
- GANANCIA ....
- RENTABILIDAD ....

TRADE 2

- EMPRESA ....
- ESTRATEGIA ....
- CANTIDAD DE CONTRATOS ....
- PRECIO DE COMPRA ....
- INVERSIÓN INICIAL ....

*REFUERZO	CANTIDAD DE CONTRATOS	PRECIO DE COMPRA	INVERSIÓN
	....	....	....

- PRECIO DE VENTA ....
- GANANCIA ....
- RENTABILIDAD ....

TRADE 3

- EMPRESA ....
- ESTRATEGIA ....
- CANTIDAD DE CONTRATOS ....
- PRECIO DE COMPRA ....
- INVERSIÓN INICIAL ....

*REFUERZO	CANTIDAD DE CONTRATOS	PRECIO DE COMPRA	INVERSIÓN
	....	....	....

- PRECIO DE VENTA ....
- GANANCIA ....
- RENTABILIDAD ....

Nada cambiará si **tú** no cambias nada.

The
Millionarie Way
agenda

SEMANA

FECHA DE INICIO .... FECHA DE TÉRMINO ....

TRADE 1

- EMPRESA ....
- ESTRATEGIA ....
- CANTIDAD DE CONTRATOS ....
- PRECIO DE COMPRA ....
- INVERSIÓN INICIAL ....

*REFUERZO
CANTIDAD DE CONTRATOS	PRECIO DE COMPRA	INVERSIÓN
....	....	....

- PRECIO DE VENTA ....
- GANANCIA ....
- RENTABILIDAD ....

TRADE 2

- EMPRESA ....
- ESTRATEGIA ....
- CANTIDAD DE CONTRATOS ....
- PRECIO DE COMPRA ....
- INVERSIÓN INICIAL ....

*REFUERZO
CANTIDAD DE CONTRATOS	PRECIO DE COMPRA	INVERSIÓN
....	....	....

- PRECIO DE VENTA ....
- GANANCIA ....
- RENTABILIDAD ....

TRADE 3

- EMPRESA ....
- ESTRATEGIA ....
- CANTIDAD DE CONTRATOS ....
- PRECIO DE COMPRA ....
- INVERSIÓN INICIAL ....

*REFUERZO
CANTIDAD DE CONTRATOS	PRECIO DE COMPRA	INVERSIÓN
....	....	....

- PRECIO DE VENTA ....
- GANANCIA ....
- RENTABILIDAD ....

SEMANA

The Millionarie Way
agenda

FECHA DE INICIO .... FECHA DE TÉRMINO ....

TRADE 1

- EMPRESA ....
- ESTRATEGIA ....
- CANTIDAD DE CONTRATOS ....
- PRECIO DE COMPRA ....
- INVERSIÓN INICIAL ....

*REFUERZO | CANTIDAD DE CONTRATOS .... | PRECIO DE COMPRA .... | INVERSIÓN ....

- PRECIO DE VENTA ....
- GANANCIA ....
- RENTABILIDAD ....

TRADE 2

- EMPRESA ....
- ESTRATEGIA ....
- CANTIDAD DE CONTRATOS ....
- PRECIO DE COMPRA ....
- INVERSIÓN INICIAL ....

*REFUERZO | CANTIDAD DE CONTRATOS .... | PRECIO DE COMPRA .... | INVERSIÓN ....

- PRECIO DE VENTA ....
- GANANCIA ....
- RENTABILIDAD ....

TRADE 3

- EMPRESA ....
- ESTRATEGIA ....
- CANTIDAD DE CONTRATOS ....
- PRECIO DE COMPRA ....
- INVERSIÓN INICIAL ....

*REFUERZO | CANTIDAD DE CONTRATOS .... | PRECIO DE COMPRA .... | INVERSIÓN ....

- PRECIO DE VENTA ....
- GANANCIA ....
- RENTABILIDAD ....

SEMANA

FECHA DE INICIO .... FECHA DE TÉRMINO ....

TRADE 1

- ○ EMPRESA ....
- ○ ESTRATEGIA ....
- ○ CANTIDAD DE CONTRATOS ....
- ○ PRECIO DE COMPRA ....
- ○ INVERSIÓN INICIAL ....

*REFUERZO	CANTIDAD DE CONTRATOS	PRECIO DE COMPRA	INVERSIÓN
	....	....	....

- ○ PRECIO DE VENTA ....
- ○ GANANCIA ....
- ○ RENTABILIDAD ....

TRADE 2

- ○ EMPRESA ....
- ○ ESTRATEGIA ....
- ○ CANTIDAD DE CONTRATOS ....
- ○ PRECIO DE COMPRA ....
- ○ INVERSIÓN INICIAL ....

*REFUERZO	CANTIDAD DE CONTRATOS	PRECIO DE COMPRA	INVERSIÓN
	....	....	....

- ○ PRECIO DE VENTA ....
- ○ GANANCIA ....
- ○ RENTABILIDAD ....

TRADE 3

- ○ EMPRESA ....
- ○ ESTRATEGIA ....
- ○ CANTIDAD DE CONTRATOS ....
- ○ PRECIO DE COMPRA ....
- ○ INVERSIÓN INICIAL ....

*REFUERZO	CANTIDAD DE CONTRATOS	PRECIO DE COMPRA	INVERSIÓN
	....	....	....

- ○ PRECIO DE VENTA ....
- ○ GANANCIA ....
- ○ RENTABILIDAD ....

SEMANA

The **Millionarie Way**
agenda

FECHA DE INICIO .... FECHA DE TÉRMINO ....

TRADE 1

- EMPRESA ....
- ESTRATEGIA ....
- CANTIDAD DE CONTRATOS ....
- PRECIO DE COMPRA ....
- INVERSIÓN INICIAL ....

*REFUERZO

CANTIDAD DE CONTRATOS	PRECIO DE COMPRA	INVERSIÓN
....	....	....

- PRECIO DE VENTA ....
- GANANCIA ....
- RENTABILIDAD ....

TRADE 2

- EMPRESA ....
- ESTRATEGIA ....
- CANTIDAD DE CONTRATOS ....
- PRECIO DE COMPRA ....
- INVERSIÓN INICIAL ....

*REFUERZO

CANTIDAD DE CONTRATOS	PRECIO DE COMPRA	INVERSIÓN
....	....	....

- PRECIO DE VENTA ....
- GANANCIA ....
- RENTABILIDAD ....

TRADE 3

- EMPRESA ....
- ESTRATEGIA ....
- CANTIDAD DE CONTRATOS ....
- PRECIO DE COMPRA ....
- INVERSIÓN INICIAL ....

*REFUERZO

CANTIDAD DE CONTRATOS	PRECIO DE COMPRA	INVERSIÓN
....	....	....

- PRECIO DE VENTA ....
- GANANCIA ....
- RENTABILIDAD ....

SEMANA ....

FECHA DE INICIO .... FECHA DE TÉRMINO ....

TRADE 1

- EMPRESA ....
- ESTRATEGIA ....
- CANTIDAD DE CONTRATOS ....
- PRECIO DE COMPRA ....
- INVERSIÓN INICIAL ....

*REFUERZO
| CANTIDAD DE CONTRATOS .... | PRECIO DE COMPRA .... | INVERSIÓN .... |

- PRECIO DE VENTA ....
- GANANCIA ....
- RENTABILIDAD ....

TRADE 2

- EMPRESA ....
- ESTRATEGIA ....
- CANTIDAD DE CONTRATOS ....
- PRECIO DE COMPRA ....
- INVERSIÓN INICIAL ....

*REFUERZO
| CANTIDAD DE CONTRATOS .... | PRECIO DE COMPRA .... | INVERSIÓN .... |

- PRECIO DE VENTA ....
- GANANCIA ....
- RENTABILIDAD ....

TRADE 3

- EMPRESA ....
- ESTRATEGIA ....
- CANTIDAD DE CONTRATOS ....
- PRECIO DE COMPRA ....
- INVERSIÓN INICIAL ....

*REFUERZO
| CANTIDAD DE CONTRATOS .... | PRECIO DE COMPRA .... | INVERSIÓN .... |

- PRECIO DE VENTA ....
- GANANCIA ....
- RENTABILIDAD ....

SEMANA ....

The Millionarie Way
agenda

FECHA DE INICIO .... FECHA DE TÉRMINO ....

TRADE 1

- ○ EMPRESA ....
- ○ ESTRATEGIA ....
- ○ CANTIDAD DE CONTRATOS ....
- ○ PRECIO DE COMPRA ....
- ○ INVERSIÓN INICIAL ....

| *REFUERZO | CANTIDAD DE CONTRATOS .... | PRECIO DE COMPRA .... | INVERSIÓN .... |

- ○ PRECIO DE VENTA ....
- ○ GANANCIA ....
- ○ RENTABILIDAD ....

TRADE 2

- ○ EMPRESA ....
- ○ ESTRATEGIA ....
- ○ CANTIDAD DE CONTRATOS ....
- ○ PRECIO DE COMPRA ....
- ○ INVERSIÓN INICIAL ....

| *REFUERZO | CANTIDAD DE CONTRATOS .... | PRECIO DE COMPRA .... | INVERSIÓN .... |

- ○ PRECIO DE VENTA ....
- ○ GANANCIA ....
- ○ RENTABILIDAD ....

TRADE 3

- ○ EMPRESA ....
- ○ ESTRATEGIA ....
- ○ CANTIDAD DE CONTRATOS ....
- ○ PRECIO DE COMPRA ....
- ○ INVERSIÓN INICIAL ....

| *REFUERZO | CANTIDAD DE CONTRATOS .... | PRECIO DE COMPRA .... | INVERSIÓN .... |

- ○ PRECIO DE VENTA ....
- ○ GANANCIA ....
- ○ RENTABILIDAD ....

SEMANA

FECHA DE INICIO .... FECHA DE TÉRMINO ....

TRADE 1

- ○ EMPRESA ....
- ○ ESTRATEGIA ....
- ○ CANTIDAD DE CONTRATOS ....
- ○ PRECIO DE COMPRA ....
- ○ INVERSIÓN INICIAL ....

*REFUERZO	CANTIDAD DE CONTRATOS	PRECIO DE COMPRA	INVERSIÓN
	....	....	....

- ○ PRECIO DE VENTA ....
- ○ GANANCIA ....
- ○ RENTABILIDAD ....

TRADE 2

- ○ EMPRESA ....
- ○ ESTRATEGIA ....
- ○ CANTIDAD DE CONTRATOS ....
- ○ PRECIO DE COMPRA ....
- ○ INVERSIÓN INICIAL ....

*REFUERZO	CANTIDAD DE CONTRATOS	PRECIO DE COMPRA	INVERSIÓN
	....	....	....

- ○ PRECIO DE VENTA ....
- ○ GANANCIA ....
- ○ RENTABILIDAD ....

TRADE 3

- ○ EMPRESA ....
- ○ ESTRATEGIA ....
- ○ CANTIDAD DE CONTRATOS ....
- ○ PRECIO DE COMPRA ....
- ○ INVERSIÓN INICIAL ....

*REFUERZO	CANTIDAD DE CONTRATOS	PRECIO DE COMPRA	INVERSIÓN
	....	....	....

- ○ PRECIO DE VENTA ....
- ○ GANANCIA ....
- ○ RENTABILIDAD ....

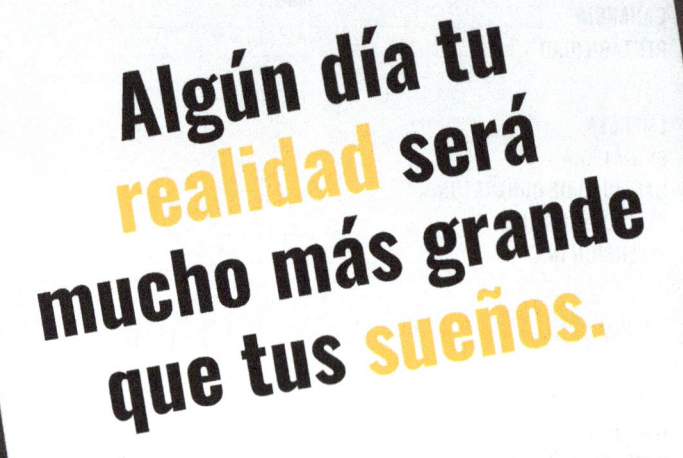

Algún día tu realidad será mucho más grande que tus sueños.

The
Millionarie Way
agenda

SEMANA

FECHA DE INICIO .... **FECHA DE TÉRMINO** ....

TRADE 1

- EMPRESA ....
- ESTRATEGIA ....
- CANTIDAD DE CONTRATOS ....
- PRECIO DE COMPRA ....
- INVERSIÓN INICIAL ....

*REFUERZO
| CANTIDAD DE CONTRATOS .... | PRECIO DE COMPRA .... | INVERSIÓN .... |

- PRECIO DE VENTA ....
- GANANCIA ....
- RENTABILIDAD ....

TRADE 2

- EMPRESA ....
- ESTRATEGIA ....
- CANTIDAD DE CONTRATOS ....
- PRECIO DE COMPRA ....
- INVERSIÓN INICIAL ....

*REFUERZO
| CANTIDAD DE CONTRATOS .... | PRECIO DE COMPRA .... | INVERSIÓN .... |

- PRECIO DE VENTA ....
- GANANCIA ....
- RENTABILIDAD ....

TRADE 3

- EMPRESA ....
- ESTRATEGIA ....
- CANTIDAD DE CONTRATOS ....
- PRECIO DE COMPRA ....
- INVERSIÓN INICIAL ....

*REFUERZO
| CANTIDAD DE CONTRATOS .... | PRECIO DE COMPRA .... | INVERSIÓN .... |

- PRECIO DE VENTA ....
- GANANCIA ....
- RENTABILIDAD ....

SEMANA

The Millionarie Way agenda

FECHA DE INICIO .... FECHA DE TÉRMINO ....

TRADE 1

- ○ EMPRESA ....
- ○ ESTRATEGIA ....
- ○ CANTIDAD DE CONTRATOS ....
- ○ PRECIO DE COMPRA ....
- ○ INVERSIÓN INICIAL ....

*REFUERZO
CANTIDAD DE CONTRATOS	PRECIO DE COMPRA	INVERSIÓN
....	....	....

- ○ PRECIO DE VENTA ....
- ○ GANANCIA ....
- ○ RENTABILIDAD ....

TRADE 2

- ○ EMPRESA ....
- ○ ESTRATEGIA ....
- ○ CANTIDAD DE CONTRATOS ....
- ○ PRECIO DE COMPRA ....
- ○ INVERSIÓN INICIAL ....

*REFUERZO
CANTIDAD DE CONTRATOS	PRECIO DE COMPRA	INVERSIÓN
....	....	....

- ○ PRECIO DE VENTA ....
- ○ GANANCIA ....
- ○ RENTABILIDAD ....

TRADE 3

- ○ EMPRESA ....
- ○ ESTRATEGIA ....
- ○ CANTIDAD DE CONTRATOS ....
- ○ PRECIO DE COMPRA ....
- ○ INVERSIÓN INICIAL ....

*REFUERZO
CANTIDAD DE CONTRATOS	PRECIO DE COMPRA	INVERSIÓN
....	....	....

- ○ PRECIO DE VENTA ....
- ○ GANANCIA ....
- ○ RENTABILIDAD ....

SEMANA ....

FECHA DE INICIO .... FECHA DE TÉRMINO ....

TRADE 1

- ⭕ EMPRESA ....
- ⭕ ESTRATEGIA ....
- ⭕ CANTIDAD DE CONTRATOS ....
- ⭕ PRECIO DE COMPRA ....
- ⭕ INVERSIÓN INICIAL ....

| *REFUERZO | CANTIDAD DE CONTRATOS .... | PRECIO DE COMPRA .... | INVERSIÓN .... |

- ⭕ PRECIO DE VENTA ....
- ⭕ GANANCIA ....
- ⭕ RENTABILIDAD ....

TRADE 2

- ⭕ EMPRESA ....
- ⭕ ESTRATEGIA ....
- ⭕ CANTIDAD DE CONTRATOS ....
- ⭕ PRECIO DE COMPRA ....
- ⭕ INVERSIÓN INICIAL ....

| *REFUERZO | CANTIDAD DE CONTRATOS .... | PRECIO DE COMPRA .... | INVERSIÓN .... |

- ⭕ PRECIO DE VENTA ....
- ⭕ GANANCIA ....
- ⭕ RENTABILIDAD ....

TRADE 3

- ⭕ EMPRESA ....
- ⭕ ESTRATEGIA ....
- ⭕ CANTIDAD DE CONTRATOS ....
- ⭕ PRECIO DE COMPRA ....
- ⭕ INVERSIÓN INICIAL ....

| *REFUERZO | CANTIDAD DE CONTRATOS .... | PRECIO DE COMPRA .... | INVERSIÓN .... |

- ⭕ PRECIO DE VENTA ....
- ⭕ GANANCIA ....
- ⭕ RENTABILIDAD ....

SEMANA ....

The Millionarie Way
agenda

FECHA DE INICIO .... FECHA DE TÉRMINO ....

TRADE 1

- ○ EMPRESA ....
- ○ ESTRATEGIA ....
- ○ CANTIDAD DE CONTRATOS ....
- ○ PRECIO DE COMPRA ....
- ○ INVERSIÓN INICIAL ....

| *REFUERZO | CANTIDAD DE CONTRATOS .... | PRECIO DE COMPRA .... | INVERSIÓN .... |

- ○ PRECIO DE VENTA ....
- ○ GANANCIA ....
- ○ RENTABILIDAD ....

TRADE 2

- ○ EMPRESA ....
- ○ ESTRATEGIA ....
- ○ CANTIDAD DE CONTRATOS ....
- ○ PRECIO DE COMPRA ....
- ○ INVERSIÓN INICIAL ....

| *REFUERZO | CANTIDAD DE CONTRATOS .... | PRECIO DE COMPRA .... | INVERSIÓN .... |

- ○ PRECIO DE VENTA ....
- ○ GANANCIA ....
- ○ RENTABILIDAD ....

TRADE 3

- ○ EMPRESA ....
- ○ ESTRATEGIA ....
- ○ CANTIDAD DE CONTRATOS ....
- ○ PRECIO DE COMPRA ....
- ○ INVERSIÓN INICIAL ....

| *REFUERZO | CANTIDAD DE CONTRATOS .... | PRECIO DE COMPRA .... | INVERSIÓN .... |

- ○ PRECIO DE VENTA ....
- ○ GANANCIA ....
- ○ RENTABILIDAD ....

SEMANA

FECHA DE INICIO .... FECHA DE TÉRMINO ....

TRADE 1

- ⭕ EMPRESA ....
- ⭕ ESTRATEGIA ....
- ⭕ CANTIDAD DE CONTRATOS ....
- ⭕ PRECIO DE COMPRA ....
- ⭕ INVERSIÓN INICIAL ....

| *REFUERZO | CANTIDAD DE CONTRATOS .... | PRECIO DE COMPRA .... | INVERSIÓN .... |

- ⭕ PRECIO DE VENTA ....
- ⭕ GANANCIA ....
- ⭕ RENTABILIDAD ....

TRADE 2

- ⭕ EMPRESA ....
- ⭕ ESTRATEGIA ....
- ⭕ CANTIDAD DE CONTRATOS ....
- ⭕ PRECIO DE COMPRA ....
- ⭕ INVERSIÓN INICIAL ....

| *REFUERZO | CANTIDAD DE CONTRATOS .... | PRECIO DE COMPRA .... | INVERSIÓN .... |

- ⭕ PRECIO DE VENTA ....
- ⭕ GANANCIA ....
- ⭕ RENTABILIDAD ....

TRADE 3

- ⭕ EMPRESA ....
- ⭕ ESTRATEGIA ....
- ⭕ CANTIDAD DE CONTRATOS ....
- ⭕ PRECIO DE COMPRA ....
- ⭕ INVERSIÓN INICIAL ....

| *REFUERZO | CANTIDAD DE CONTRATOS .... | PRECIO DE COMPRA .... | INVERSIÓN .... |

- ⭕ PRECIO DE VENTA ....
- ⭕ GANANCIA ....
- ⭕ RENTABILIDAD ....

SEMANA ....

The Millionarie Way
agenda

FECHA DE INICIO .... FECHA DE TÉRMINO ....

TRADE 1

- EMPRESA ....
- ESTRATEGIA ....
- CANTIDAD DE CONTRATOS ....
- PRECIO DE COMPRA ....
- INVERSIÓN INICIAL ....

*REFUERZO	CANTIDAD DE CONTRATOS	PRECIO DE COMPRA	INVERSIÓN
	....	....	....

- PRECIO DE VENTA ....
- GANANCIA ....
- RENTABILIDAD ....

TRADE 2

- EMPRESA ....
- ESTRATEGIA ....
- CANTIDAD DE CONTRATOS ....
- PRECIO DE COMPRA ....
- INVERSIÓN INICIAL ....

*REFUERZO	CANTIDAD DE CONTRATOS	PRECIO DE COMPRA	INVERSIÓN
	....	....	....

- PRECIO DE VENTA ....
- GANANCIA ....
- RENTABILIDAD ....

TRADE 3

- EMPRESA ....
- ESTRATEGIA ....
- CANTIDAD DE CONTRATOS ....
- PRECIO DE COMPRA ....
- INVERSIÓN INICIAL ....

*REFUERZO	CANTIDAD DE CONTRATOS	PRECIO DE COMPRA	INVERSIÓN
	....	....	....

- PRECIO DE VENTA ....
- GANANCIA ....
- RENTABILIDAD ....

SEMANA

FECHA DE INICIO .... FECHA DE TÉRMINO ....

TRADE 1

- EMPRESA ....
- ESTRATEGIA ....
- CANTIDAD DE CONTRATOS ....
- PRECIO DE COMPRA ....
- INVERSIÓN INICIAL ....

*REFUERZO | CANTIDAD DE CONTRATOS .... | PRECIO DE COMPRA .... | INVERSIÓN ....

- PRECIO DE VENTA ....
- GANANCIA ....
- RENTABILIDAD ....

TRADE 2

- EMPRESA ....
- ESTRATEGIA ....
- CANTIDAD DE CONTRATOS ....
- PRECIO DE COMPRA ....
- INVERSIÓN INICIAL ....

*REFUERZO | CANTIDAD DE CONTRATOS .... | PRECIO DE COMPRA .... | INVERSIÓN ....

- PRECIO DE VENTA ....
- GANANCIA ....
- RENTABILIDAD ....

TRADE 3

- EMPRESA ....
- ESTRATEGIA ....
- CANTIDAD DE CONTRATOS ....
- PRECIO DE COMPRA ....
- INVERSIÓN INICIAL ....

*REFUERZO | CANTIDAD DE CONTRATOS .... | PRECIO DE COMPRA .... | INVERSIÓN ....

- PRECIO DE VENTA ....
- GANANCIA ....
- RENTABILIDAD ....

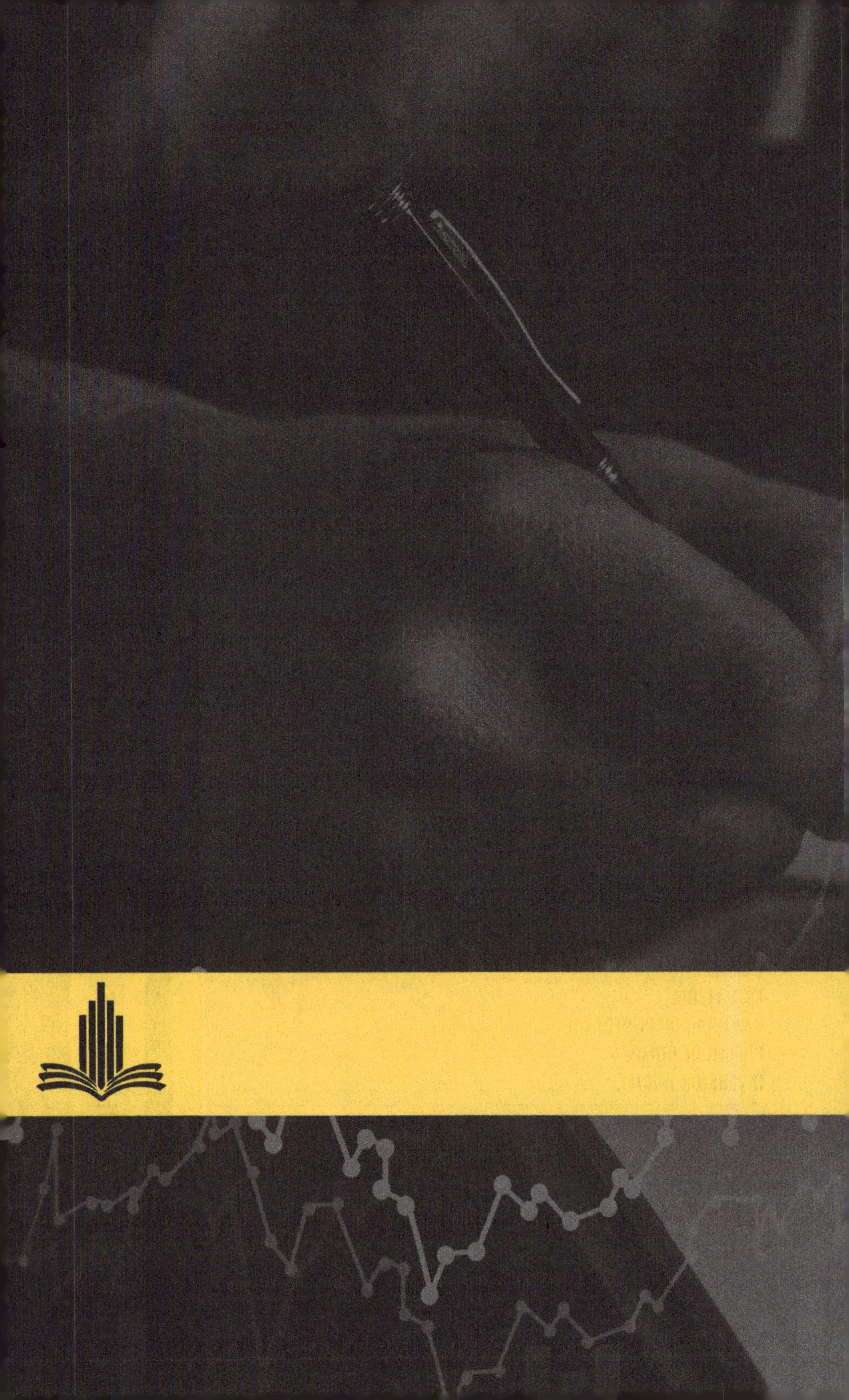

Notas

Las buenas ideas siempre son *locas*, hasta que *dejan* de serlo.

The Millionarie Way
agenda

Análisis Fundamental

Análisis Técnico

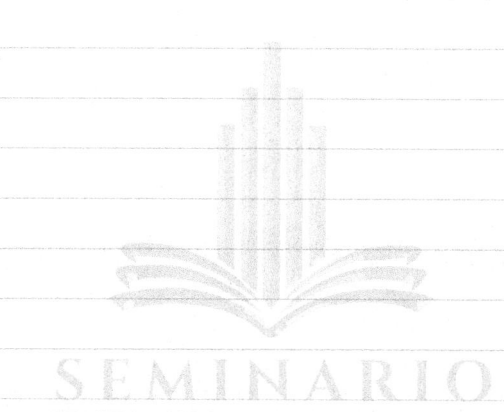

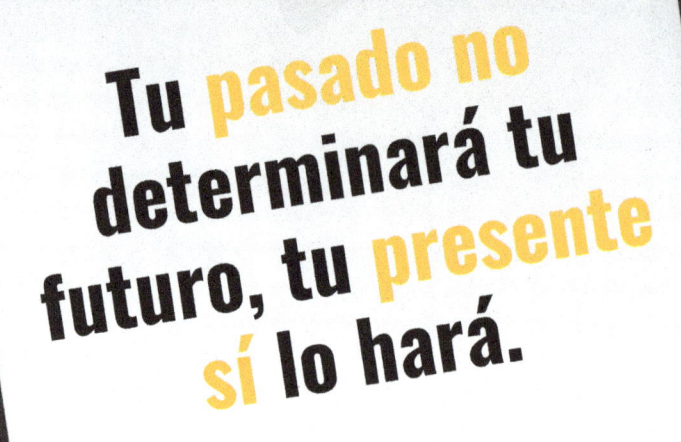

Tu **pasado no** determinará tu futuro, tu **presente sí** lo hará.

The **Millionarie Way**
agenda

Velas

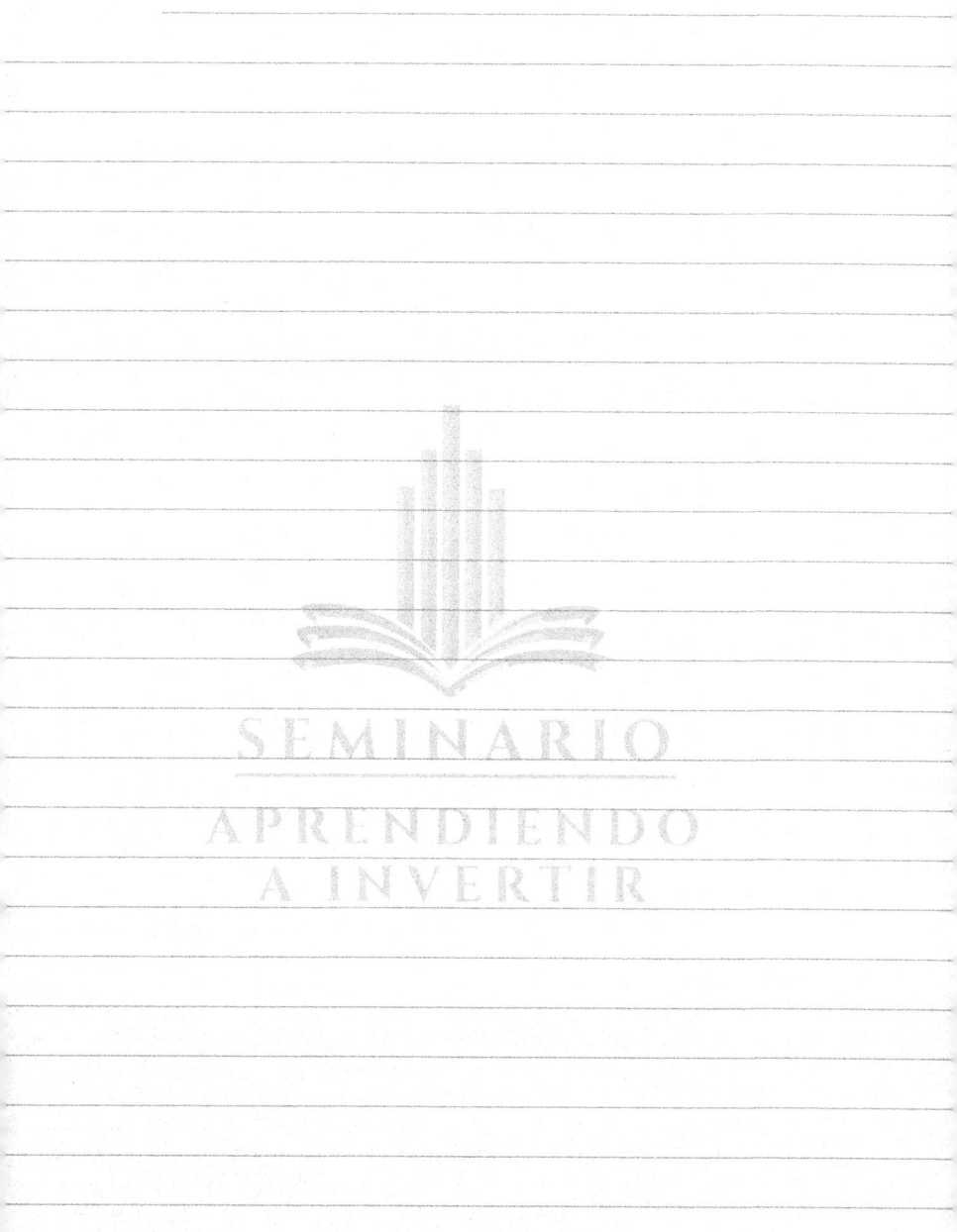

Medias Móviles

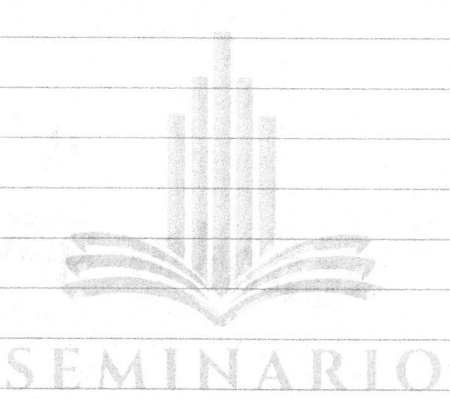

Un **ganador** es un **soñador** que **nunca se rindió.**

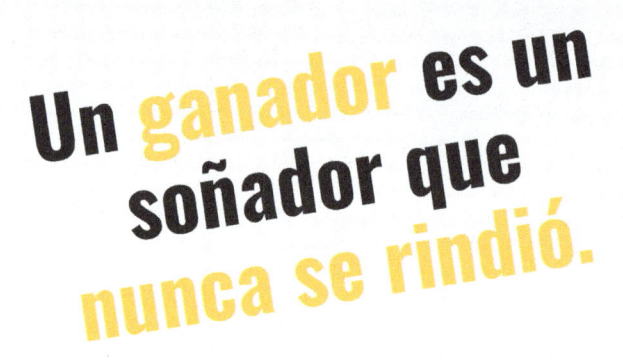

The
Millionarie Way
agenda

Volumen

Bollinger Bands

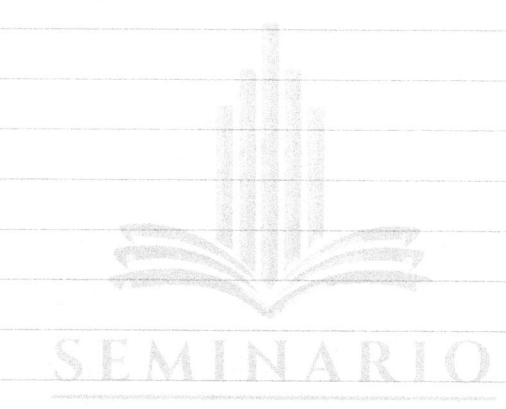

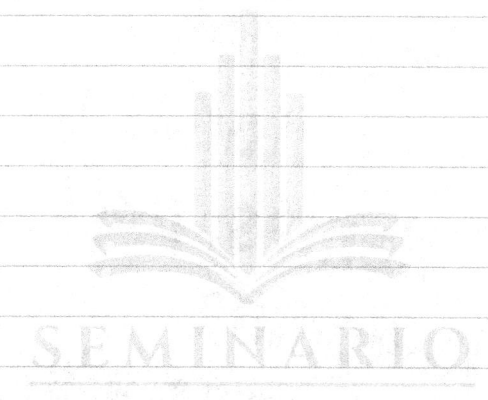

No podemos **cambiar** las actitudes de los demás, pero sí podemos **elegir** no dejarnos afectar por ellas.

The Millionarie Way
agenda

Saltos

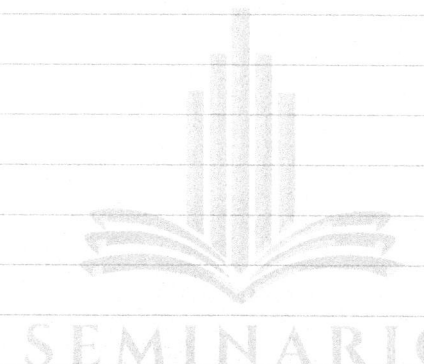

Estrategias

Los **mejores inversionistas** no son los mejores debido a la genética, sino a sus **hábitos.**

The
Millionarie Way
agenda

Terminología

Cuanto más trabaje tu *dinero*, menos tendrás que trabajar *tú.*

The
Millionarie Way
agenda

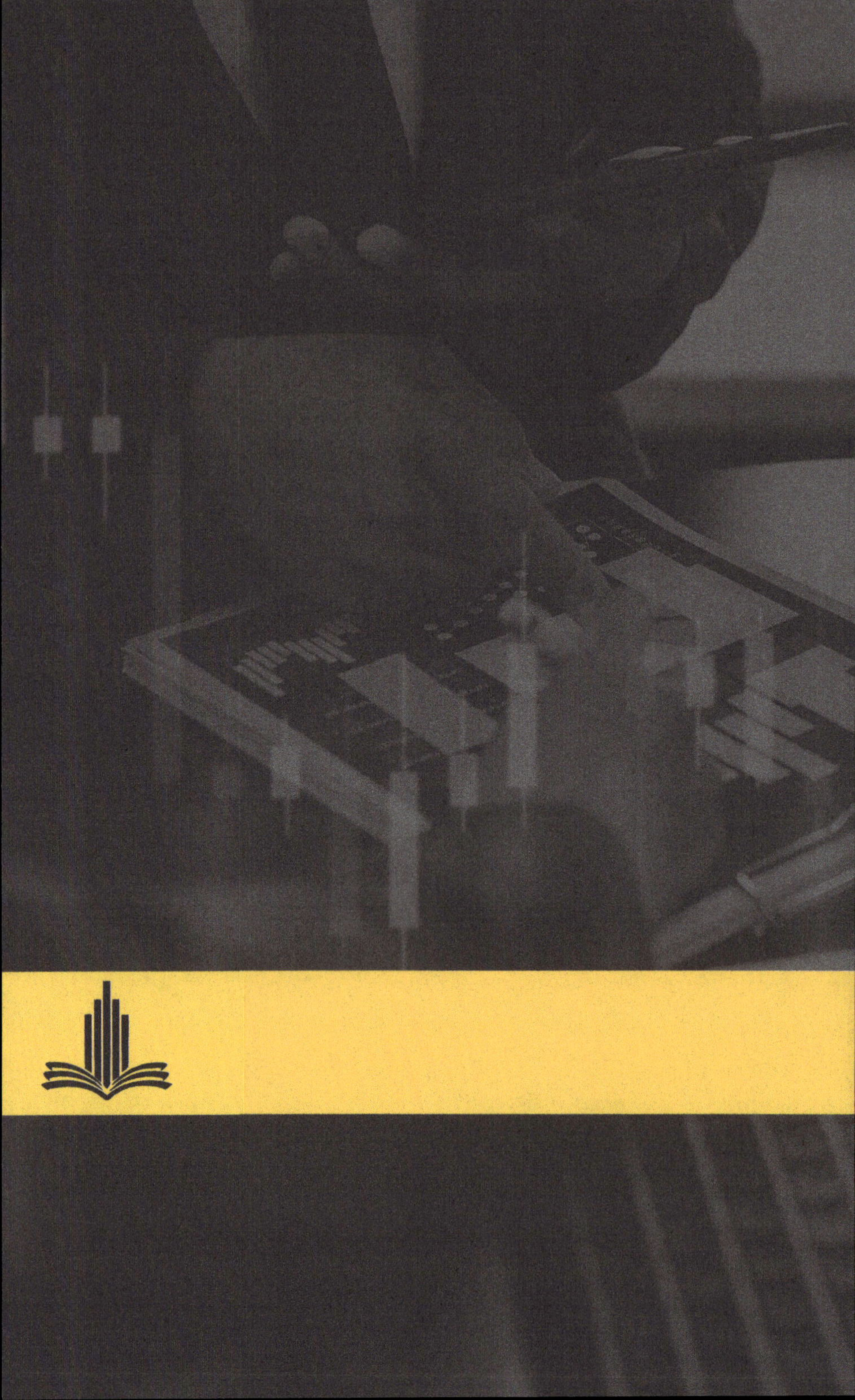

Estrategias

Invierte en ti mismo, tu carrera es el motor de tu riqueza.

The
Millionarie Way
agenda

En mi libro *El secreto de aprender a invertir,* te comparto algunas de las estrategias que utilizo y comparto en mi seminario intensivo, sin embargo, el propósito siempre será agregar más valor y es por eso que he decidido añadir dos estrategias nuevas en tu agenda como bonus a tu crecimiento.

Antes de comenzar, creo fundamental repetir la importancia en la disciplina que —a mi entender—, se debe de tener para operar con opciones porque, tal y como verás a lo largo de tu proceso siguiendo el plan del 35%, puedes llegar de 5000 dólares en tu cuenta inicial, a más de un millón de dólares en un año con tan solo tres *trades* a la semana buscando el 35% de rentabilidad por *trade*. Si bien, suena como algo sumamente atractivo, no te debes olvidar de que es muy fácil perderlo si no se tiene la actitud correcta, un plan de entrada y sobre todo de salida para cada inversión que hagas.

Nunca inviertas más de lo que puedas permitirte perder. Si tu cuenta es de mil dólares, tus *trades* deberían ser de entre 80 y 120 dólares, o sea entre el 8 y el 12% del total de tu cuenta.

Es imprescindible recordar que algunos *trades*, por más convincentes y claras que estén todas las señales, a veces no salen. Esto puede ser debido a factores externos como, alguna noticia inesperada o razones de otra índole que impacten al mercado; si cuando eso ocurre estás dentro de una posición con todo tu capital, es muy posible que lo pierdas de lleno. Es por eso que debes seguir y apegarte al plan lo más posible para evitar dar lugar a la emoción en búsqueda de mayor ganancia por impulso del ego y la avaricia.

Tu punto de entrada será indicado por la estrategia que elijas utilizar, mientras que tu punto de salida se delimitará sobre el porcentaje que esperas ganar, que en tu plan es del 35%. En la mayoría de las estrategias que verás a continuación, los rendimientos suelen ser del 100% —muchas veces de más—, por lo que se calculará el 35% sobre la inversión de tu *trade* más la comisión que el bróker en el que operas, te cobra. Se programa esa cantidad para que se ejecute de manera automática una vez que toca el punto del porcentaje que elegiste.

Estos casos muchas veces suelen ocurrir en cuestión de minutos u horas, pero también puede pasar que no llegue al 100% durante ese día. Si al siguiente día el precio del subyacente de tu contrato de opción amanece con un salto y tu *strike price* está en *in the money* —por ejemplo, en la apertura del mercado es del 400%—, entonces, al precio en el que se encuentre, se va a ejecutar la orden y no al 35% que lo habías programado, por lo que estarías ganando más de lo establecido, no por buscarlo dejándote llevar por tus emociones, sino porque estabas preparado. Esto sucede mucho en los inicios de las tendencias tanto alcistas como bajistas.

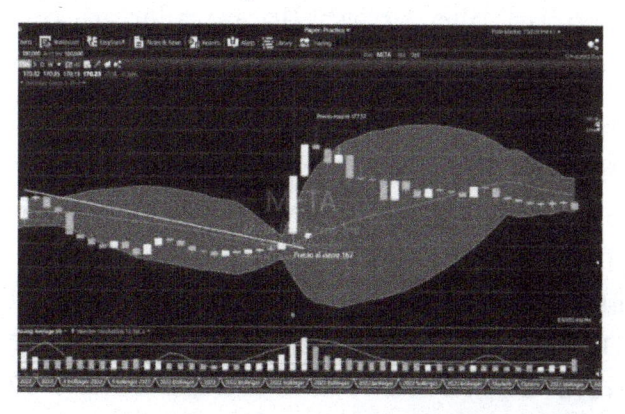

Estrategia 1: Cambio de tendencia al alza, en quince minutos, Bollinger bands.

En la Imagen anterior vemos el gráfico de Bollinger de la compañía Meta Platforms, Inc. En este caso, debemos encontrarnos en una tendencia bajista o lateral en el marco de tiempo de 15 minutos Bollinger, se traza una línea de tendencia de trayectoria del precio tocando la parte superior de las velas la cual nos indica que estos estaban cayendo y venían de una tendencia a la baja. Debe cumplir con dos requisitos:

• El primero es que el precio tiene que amanecer con un salto al alza que cruce la media móvil o punto medio y la línea de tendencia de trayectoria del precio.

• El segundo es que debe presentarse un alto grado de volatilidad en la apertura para que se cumpla la estrategia.

Una vez que se cumplieron estos requisitos, es recomendable comprar en *call* y poner *limit* al porcentaje planificado, obteniendo así altas rentabilidades gracias al movimiento acelerado que se presenta. En el caso del ejemplo del gráfico, el precio subió de 167 a 177.51 dólares en tres minutos, trayendo consigo rentabilidades en las opciones *call*.

Estrategia 2: Cambio de tendencia a la baja, en quince minutos, Bollinger bands.

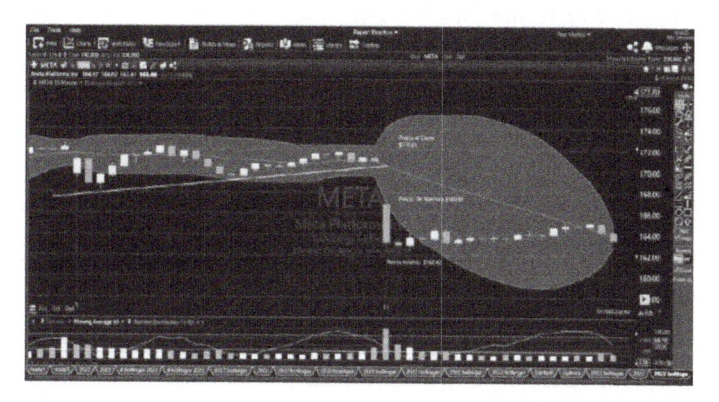

En la Imagen anterior vemos el gráfico de Bollinger de la compañía Meta Platforms, Inc. En este caso, debemos encontrarnos en una tendencia alcista o lateral en el marco de tiempo de 15 minutos Bollinger, se traza una línea de tendencia de trayectoria del precio tocando la parte inferior de las velas la cual nos indica que estos estaban subiendo y venían de una tendencia al alza. Debe cumplir con dos requisitos:

• El primero es que el precio tiene que amanecer con un salto a la baja que cruce la media móvil o punto medio y la línea de tendencia de trayectoria del precio.

- El segundo es que debe presentarse un alto grado de volatilidad en la apertura para que se cumpla la estrategia.

Una vez que se cumplieron estos requisitos, es recomendable comprar en *put* y poner *limit* al porcentaje planificado obteniendo así rentabilidades gracias al movimiento acelerado que se presenta. En el caso del ejemplo del gráfico, el precio bajó de 170.81 a 162.42 dólares en dos minutos, trayendo consigo rentabilidades en las opciones *put*.

The
Millionaire Way
agenda

Made in United States
Orlando, FL
28 April 2025